JN409854

동화 치료

동화 치료

이성훈 저

건국대학교출판부

동화치료

1판 1쇄 찍은날 2014년 2월 20일
1판 1쇄 펴낸날 2014년 2월 25일

지은이 이성훈
펴낸이 송희영

펴낸곳 건국대학교출판부
등록 / 제 4-3 호(1971. 6. 21.)
주소 / 143-701, 서울시 광진구 능동로 120 건국대학교
전화 / (02) 450-3891～3
팩스 / (02) 457-7202
홈페이지 / http://press.konkuk.ac.kr
e-mail / press@konkuk.ac.kr

책임편집 박명희

찍은곳 네오프린텍㈜

정가 14,000원

ISBN 978-89-7107-569-2 03800

이 도서의 국립중앙도서관 출판시도서목록(CIP)은 서지정보유통지원시스템 홈페이지(http://seoji.nl.go.kr)와 국가자료공동목록시스템(http://www.nl.go.kr/kolisnet)에서 이용하실 수 있습니다.(CIP제어번호: CIP2014004734)

머리말

힐링healing의 시대! 세상살이가 얼마나 힘들고 병에 든 것 같으면 몸과 마음의 치료가 필요한 시대라고 외치는가? 물론 과거에도 몸과 마음의 병이 드는 일은 늘 있어 왔던 일이다. 그럼에도 불구하고 21세기에 와서 힐링이 더욱 각광을 받는 이유는 뭘까? 2011년부터 시작된 모 TV 방송사의 프로그램의 인기 때문일까? 웰빙well-being의 시대에 이어서 힐링의 시대로 이어지는 세계적 흐름의 영향일까? 다시 말해, 먹는 문제가 어느 정도 해결되니 더불어 몸과 마음의 치유가 필요한 문제로 대두되는 것은 아닐까? 웰빙과 힐링, 심신의 안녕과 행복 그리고 심신의 치료, 이 두 가지 개념이 21세기 최대의 관심거리이기에 그 해결책을 동화치료를 통해 모색하려는 것이다.

힐링과 유사한 단어로 테라피therapy라는 단어가 있다. 힐링이 심신의 회복치료 자체라면 테라피는 심신의 회복치료 방법이라고 말할 수

동화 치료

있다. 따라서 힐링이 자기치료自己治療를 의미한다면 테라피는 타인치료他人治療를 말한다. 즉 동화를 통해 자기 자신을 치료했다면 힐링을 한 것이고, 다른 이를 치료했다면 테라피를 한 것이라고 말할 수 있다. 결국 힐링이든 테라피든 동화치료란 심신의 병이 든 자들을 동화를 통해 치료하는 일이라고 말할 수 있다.

그럼, 어떻게 동화를 통해 심신의 병을 치료하고 안녕과 평화, 행복과 기쁨을 가져올 수 있을까? 그것은 꿈 많던 어린 시절에 많이 듣고 읽었던 동화를 잠재의식에서 일깨워내어 지금의 병든 나 또는 타인을 치료하면 된다는 뜻이다. 즉, 순수한 동심의 덩어리인 동화를 읽고 자신의 무의식 안에 남아 있던 순수한 마음의 응어리를 터뜨리게끔 유도하면 된다는 말이다. 곧 동화를 통한 마음의 치유가 동화치료의 핵심이라고 할 수 있다.

여기에 세계적으로 통용되는 방법이 프로이트의 정신분석학과 융의 분석심리학이다. 또한 어린 시절부터 친숙하게 경험했던 동화를 선택하여 그 심리학적 분석과 방법을 통해 동화치료가 이루어지는 것이 대세이다. 따라서 이 책에서는 우리에게 친숙한 한국 전래동화를 중심으로 프로이트와 융의 심리분석 방법을 적용하여 사례를 통한 동화치료를 시도하고자 한다.

끝으로 동화 관련 전공서적이 미비한 현실에서 개척자의 자세로 도서 출판에 도움을 주신 건국대학교출판부 관계자 여러분께 감사의 마음을 전한다.

2014년 2월

이 성 훈

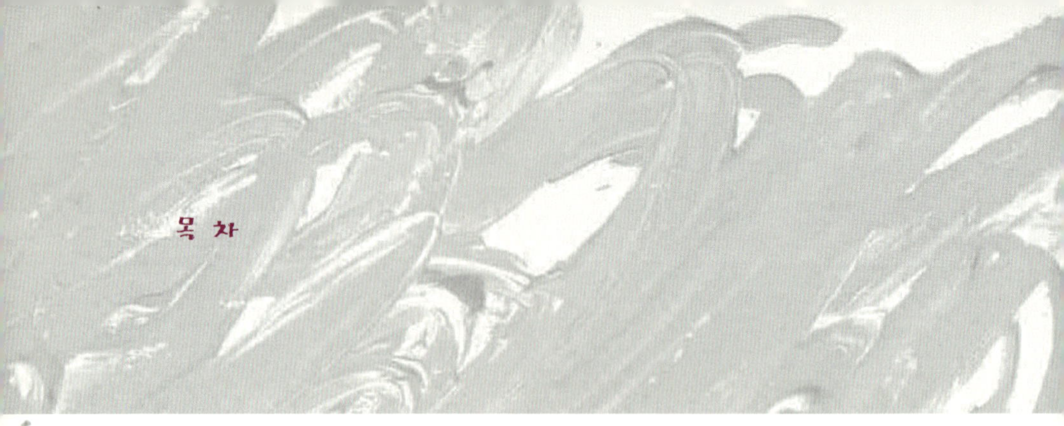
목 차

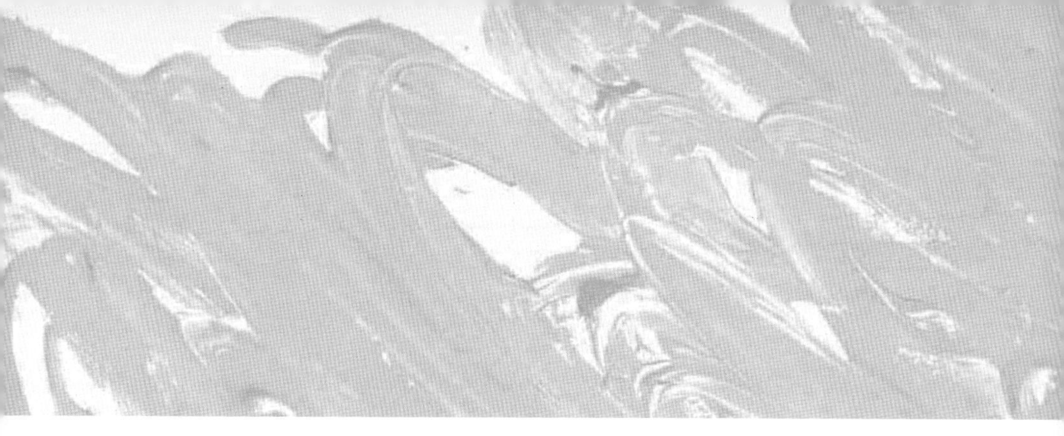

I.

동화치료 이론

1.

동화치료란 무엇인가?

동화치료란 동화를 통해 몸과 마음의 상처를 치료하는 일을 말한다. 영어로는 'Fairy Tale as Healing' 또는 'Fairy Tale as Therapy'라고 하고, 독일어로는 'Märchen als Heilung' 또는 'Märchen als Therapie'라고 한다. 따라서 동화치료란 힐링으로서 동화, 테라피로서 동화라고 말할 수 있다. 여기서 힐링이 심신의 회복치료 자체라면, 테라피는 심신의 회복치료 방법을 의미한다. 다시 말해, 힐링이 자기치료自己治療를 의미한다면, 테라피는 타인치료他人治療를 말한다. 즉 동화를 통해 자기 자신을 치료했다면 힐링을 한 것이고, 다른 이를 치료했다면 테라피를 한 것이라고 말할 수 있다. 결국 힐링이든 테라피든 동화치료란 심신의 병이 든 자들을 동화를 통해 치료하는 일이라고 정의할 수 있다.

그럼, 어떻게 동화를 수단으로 심신의 병을 치료하고 안녕과 평화, 행복과 기쁨을 가져올 수 있을까? 그것은 꿈 많던 어린 시절에 많이 듣고 읽었던 동화를 잠재의식에서 일깨워내어 지금의 병든 나 또는 타인을 치료하면 된다는 뜻이다. 즉, 순수한 동심의 덩어리인 동화를 읽고 자신의 무의식 안에 남아 있던 순수한 마음의 응어리를 터뜨리게끔 유도하면 된다는 뜻이다. 곧 동화를 통한 마음의 치유가 동화치료의 핵심이라고 할 수 있다.

왜 심신의 병을 치료하는 데 있어 마음의 병을 우선 치유해야 하는가? 그 이유는, 몸의 상태는 곧 마음의 상태와 직접 연관되어 있고, 마음이 병들면 몸이 병들기 때문이며, 마음의 치료가 몸의 치료보다 선행되어야 온전한 심신의 치유를 가져올 수 있기 때문이다. 아울러 몸의 병은 수술과 약 등의 의학의 도구로 치료할 수 있지만, 마음의 병은 동화를 활용하여 인간의 정신을 치유해야만 되기 때문에 인간 정서의 엑기스인 동화로 다스리는 게 선행되어야 한다는 말이다.

동화를 활용한 심리치료에 세계적으로 통용되는 방법이 프로이트의 정신분석학과 융의 분석심리학을 동화와 연관시켜 치료하는 방법이다. 쉽게 말해, 어린 시절부터 친숙하게 경험했던 동화를 선택하여 그 심리학적 분석과 방법을 통해 동화치료가 이루어지는 것이 대세라는 말이다. 따라서 본 교재에서는 우리에게 친숙한 한국 전래동화를 중심으로 프로이트와 융의 심리분석 방법을 적용하여 사례를 통한 동화치료를 시도하려고 한다.

물론 동화치료에 대한 선행연구가 없었던 것은 아니다. 스위스의 동화치료 연구자인 베레나 카스트Verena Kast(1943~)는 그녀의 저서 『동화치료*Märchen als Therapie*』(1986)에서 그림 동화와 안데르센 동화 등을 활용하여 융의 분석심리학을 바탕으로 사례를 들어 동화치료를 시도했고, 한국의 정신과 의사인 이부영(1932~)은 자신의 저서 『한국민담의 심층분석』(2000)에서 융의 분석심리학을 활용하여 한국민담 속의 질병과 치유를 연구했으며, 송영림은 자신의 석사논문 「동화치료의 효용성에 관한 연구」(2010)를 통해 사례를 들어 동화치료 연구를 시도했다.

21세기를 힐링healing의 시대라고 한다. 곧 몸과 마음이 병들어서 치료를 해야만 살 수 있는 시대라는 뜻이다. 세상살이가 얼마나 힘들고 병에 든 것 같으면 몸과 마음의 치료가 필요한 시대라고 외치는가? 물론 과거에도 몸과 마음의 병이 드는 일은 늘 있어 왔던 일이다. 그럼에도 불구하고 21세기에 와서 힐링이 더욱 각광을 받는 이유는 뭘까? 2011년부터 시작된 모 TV 방송사의 프로그램의 인기 때문일까? 웰빙well-being의 시대에 이어서 힐링의 시대로 이어지는 세계적 흐름의 영향일까? 다시 말해 먹는 문제가 어느 정도 해결되니 더불어 몸과 마음의 치유가 필요한 문제로 대두되는 것이 아니겠는가? 웰빙과 힐링, 심신의 안녕과 행복 그리고 심신의 치료, 이 두 가지 개념이 21세기 최대의 관심거리이기에 수십 년 동안 동화연구에 매진해 온 본 저자는 그 해결책을 동화치료 연구를 통해 모색하려는 것이다.

동화를 수단으로 심신의 병을 치료하고 안녕과 평화, 행복과 기쁨을 가져와야 하는 절박한 시대에 동화치료에 새로운 이정표를 세우는 일! 이것이 본 동화치료 연구의 목표이다. 여기에 우선 심리학의 두 거장인 프로이트와 융의 이론을 알아보고, 이어서 본격적인 동화치료 연구를 시도하고자 한다. 그동안 그림 동화와 안데르센 동화 등 서양 동화에 치우쳤던 연구의 방향을 한국 전래동화로 전향하여, 우리 동화의 우수성과 훌륭한 치료 수단임을 증명할 것이다. 이를 통해 동화미디어콘텐츠의 학문영역이 한층 더 넓어지는 계기가 되기를 바라며, 훌륭한 동화치료사가 배출되어 몸과 마음의 상처를 받아 신음하는 많은 동시대인들을 건강하게 치유해 주길 기대한다.

2.

프로이트의 정신분석학

그림 1. 프로이트(Sigmund Freud, 1856~1939)

오스트리아의 정신의학자 프로이트Sigmund Freud(1856~1939)는 정신분석학Psychoanalyse의 창시자이다. 정신분석학이란 빈에서 정신과 의사를 했던 프로이트가 1890년경에 만들어 낸 인간의 정신을 세 가지 구조로 분석한 심리 이론psychologische Theorie이고, 그의 이름에 따라 프로이트주의Freudism라고도 하며, 특히 정신의 심층深層, 곧 무의식에 관계되는 인간의 행동에 관한 관찰을 통한 심리적 분석 방법을 말한다.

이후 다양한 심층심리학Tiefenpsychologie의 학설로 발전되었는데, 분석심리학Aanalytische Psychologie의 창시자 융Carl Gustav Jung(1875~1961), 개인심리학Individualpsychologie의 창시자 아들러Alfred Adler(1870~1937), 오스트리아 분석심리학자 랭크Otto Rank(1884~1939), 아동분석심리학Kinderpsychoanalyse의 개척자 클라인Melanie Klein(1882~1960), 영국의 분석심리학자 존스Ernest Jones(1879~1958), 미국의 정신과 의사이자 신-프로이트주의Neo-Freudianism(신정신분석학파)의 대표자 설리번Harry Stack Sullivan(1892~1949) 등과 같은 많은 심리학자들이 배출되었다.

1) 프로이트의 생애[1]

지크문트 프로이트는 1856년 5월 6일에 프라이베르크Freiberg(그 당시 오스트리아 제국, 오늘날 체코 영토 프르지보르Příbor)에서 유대인 부모 밑에서 태어났다. 태어날 때 이름은 지기스문트 슐로모 프로이트Sigismund Schlomo Freud였고, 아버지 야콥 프로이트Jacob Freud(1815~1896)는 당시 41세로 양모 상인이었으며, 재혼하기 전에 첫 결혼에서 이미 두 자녀가 있었다. 어머니 아말리아Amalia Freud(1835~1930)는 야콥의 세 번째 부인으로, 당시 21살이었다. 지크문트는 여덟 자녀 가운데 장남이었으며, 비상한 지력 덕분에 어릴 때부터 부모님은 다른 형제자매보다 그를 아꼈다. 가난에도 불구하고 프로이트 가족은 지크문트에게 적당한 교육을 받게끔 모든 것을 희생했다. 1857년의 경제 위기 때문에 프로이트의 아버지는 사업에 실패했으며, 가족은 1859년에 라이프치히Leipzig로 이사했다가, 1860년에 빈Wien에 정착했다.

1865년에 프로이트는 명문 고등학교인 레오폴드 시립 실업계고등학교Leopoldstädter Kommunal-Realgymnasium에 입학했다. 그는 성적이 우수했으며, 1873년 마투라Matura(졸업 시험)에 우수한 성적(mit Auszeichnung)으로 합격했다.

처음에 프로이트는 법을 공부하기로 했다가 포기하고, 1873년에 빈 대학교의 의과 대학에 입학했고, 이듬해부터 다윈주의자였던 칼 클라우스Carl Claus 교수 밑에서 동물학Zoologie을 공부했다.

1874년에 독일의 생리학자 에른스트 빌헬름 브뤼케Ernst Wilhelm Brücke가 『생리학 강의』를 출간하여 '정신 역학'의 개념을 제안했는데, 열역학 제1법칙(에너지 보존)을 공식화했던 학자 가운데 한 사람이었던 물리학

---

1) http://de.wikipedia.org/wiki/Sigmund_Freud 참조.

자 헤르만 폰 헬름홀츠와 협동하여 연구한 그는 모든 살아 있는 유기체는 에너지 체계이며, 이 법칙에 지배받는다고 주장했다. 그해에 빈 대학교 의대 1학년생이었던 지크문트 프로이트는 주임 교수였던 브뤼케의 새로운 역학적 생리학을 배우게 된다. 브뤼케의 『생리학 강의』에서 그는 살아 있는 유기체는 하나의 역학계이며 화학과 물리학의 법칙이 적용된다는 급진적인 견해를 내놓았다.

프로이트는 칼 크라우스 교수 밑에서 장학금을 받고 공부했으며, 이 장학금수혜연구를 위해 1876년부터는 트리에스테Triest에 있는 동물 실험소에서 뱀장어불알Aal-Hoden을 연구하여 학문적 결과물을 교수에게 제출했다. 당시 뱀장어의 생식 주기는 아직 알려지지 않은 상태였다.

1876년에 그는 '뱀장어불알'이라는 첫 논문을 오스트리아 학술원 보고서Mitteilungen der österreichischen Akademie der Wissenschaften에 실었는데, 여기서 그는 이 문제를 해결하지 못했음을 인정했다. 별달리 성공을 거두지 못해 명성을 얻지 못하자, 프로이트는 자신의 연구 분야를 바꾸게 된다. 같은 해에 빈으로 돌아와서는 스승인 브뤼케의 심리학 연구소das Physiologische Institut에서 심리학으로 연구방향을 바꿨고, 1879년에 1년간의 군복무로 학업을 중단한 뒤, 마침내 프로이트는 1881년에 논문 「하급 어류종의 척수에 관하여Über das Rückenmark niederer Fischarten」로 의학 박사 학위를 받았다.

프로이트는 1885년 파리 살페트리에르Salpêtrière 병원장 샤르코Charcot 밑에서 장학생으로 약 5개월간 연구하면서 히스테리Hysterie와 최면술Hypnose에 특히 관심을 가졌는데, 이것은 장차 정신분석학을 창안하는 데 매우 중요한 동기가 된다. 왜냐하면, 정신 및 정신과 무의식의 관계에 대한 프로이트의 역동적 심리학은 바로 여기서 출발했기 때문이다.

1885년 10월에 프로이트는 유럽에서 가장 유명한 신경학자 장 마르탱 샤르코Jean-Martin Charcot와 공동 연구차 파리로 갔다. 그는 나중에 이때의 파리 체류로 재정적으로 가망이 떨어지는 신경학 연구 대신 정신병리 치료로 진로를 선회하는 계기가 되었다고 회고했다. 샤르코는 히스테리와 히스테리 환자의 최면 감수성을 전공했고, 그는 청중 앞 무대 위에서 히스테리 환자를 자주 시연했다. 나중에 프로이트는 최면 기법을 가능성이 있는 치료 방식에서 버렸으며, '자유 연상freie Assoziationen'과 '꿈 분석Traumdeutung'을 선호하게 된다. 샤르코 자신도 말년에 히스테리에 대한 자신의 연구에 스스로 의문을 제기했다.

1885년에 그는 하빌리타치온Habilitation(대학교수자격취득)에 통과한 뒤, 빈 대학 신경병리학과Neuropathologie에서 시간강사Privatdozentur로 근무한다. 동시에 프로이트는 빈에서 의사로서 정착하여 살게 된다. 물론 1920년에 프로이트는 정교수ordentlicher Professor가 되었다.

1886년에 프로이트는 4년간 사귄 마르타 베르나이스Martha Bernays(1861~1951)와 결혼한다. 두 부부 사이에서 모두 6명의 자녀가 태어난나. 아내의 아버지 베르만은 함부르크의 수석 랍비였던 이작 베르나이스의 아들이었다.

앞에서 얘기했듯이, 프로이트는 신경계 환자들에게 최면 기법을 실험했으나 많은 대상자들에게 최면이 쓸모없는 것으로 드러나자 이 치료 방식을 포기했으며, 환자와 본인의 문제에 대해 대화를 나누는 치료법을 썼다. 이 방식은 '대화치료Sprechtherapie'로 알려지게 되는데, 대화의 최종적인 목적은 환자가 처음에 거부하고 있던 무의식에 갇힌 강력한 감정 에너지를 풀어 주는 것이었다. 프로이트는 이렇듯 환자가 어떤 감정을 거부하는 것을 '억압'이라고 불렀으며, 그는 이것이 종종 정신의 정상적인 기능에 해를 끼치면서 육체적 기능까지도 저하시킬 수 있다고 생각했다. '대화치료' 기법은 정신분석학의 기초로 널리 평가받고 있다.

1896년 나이 40에 프로이트는 수많은 심신증의 장애와 더불어 죽음에 대한 지나친 공포, 그 밖의 공포증에 시달렸다. 이 시기에 그는 자신의 꿈, 기억 그리고 본인의 인격 발달의 변천에 대해 탐색하는 데 몰두했다. 이렇게 자신을 분석하면서 프로이트는 1896년에 죽은 자신의 아버지 야콥 프로이트에 대해 적대감을 느꼈으며, 또 어린 시절 매력적이고 따뜻하며 포근했던 어머니 아말리아 프로이트에게 느낀 성적 감정을 상기했다. 자기 분석을 계속하여 지금까지 수집한 자료들을 모아 1899년 11월, 라이프치히와 빈에서 동시에 『꿈의 해석*Die Traumdeutung*』을 출판했다. 그리고 1908년에 프로이트는 정신학 분석을 연구하기 위해 '빈의 정신분석학회Wiener Psychoanalytische Vereinigung'를 창립했다.

1900년과 1902년에 책을 출간한 이후로 프로이트 이론에 대한 관심은 점점 늘어났으며, 지지자 집단도 생겼다. 그러나 프로이트는 자신의 이론을 비평하는 지지자들과 충돌하기도 하였는데, 가장 유명한 사람은 원래 프로이트의 생각을 지지하던 융이었다. 1906년에 처음으로 프로이트와 융은 편지교환Briefwechsel을 통해 서로의 존재를 인식했고, 이듬해인 1907년에 직접 만나서 무려 13시간 동안 열띤 토론을 할 정도로 사이가 좋았다. 그러나 약 6년 뒤에 두 사람은 결별하게 되는데, 그 이유는 융이 종교와 신비주의에 흥미를 가지고 다룬 탓도 있지만, 프로이트는 이를 비과학적이라고 보았기 때문이다. 다시 말해, 프로이트의 무의식과 융의 무의식의 학문적 견해 차이가 컸기 때문이라고 할 수 있다. 즉, 프로이트의 무의식에는 본능적 에너지가 성욕과 파괴욕만이 있을 뿐이지만, 융의 무의식에는 건설적이고 창의적인 에너지도 있다는 학술적 대립이 그러한 결과를 가져왔다고 할 수 있다.

1930년에 프로이트는 심리학과 독일어문학에 기여한 공로로 '괴테상Goethepreis'을 받았다. 3년 뒤에 나치가 독일에서 집권했으며, 이들이 불태우고 없앤 책 가운데서도 프로이트의 책이 특히 많았다. 1936년 프로이트의 80번째 생일날에 토마스 만Thomas Mann은 그의 생일을 축하하기 위해 "프로이트와 미래Freud und die Zukunft"라는 제목으로 축하강연을 했다.

1938년 3월에 나치 독일은 오스트리아를 합병했다. 그리하여 빈에서 반유대주의 감정이 들끓었으며, 프로이트와 가족의 집에는 비밀경찰Gestapo이 들이닥치기도 했다. 또한 빈에 있는 정신분석학회가 해산당하고 유대인이라는 이유로 책과 재산이 모두 몰수당하자, 프로이트는 '도피세Reichsfluchtsteuer'를 지불하고, 자유롭게 죽기 위해 망명길에 오르기로 결심했다. 그와 가족은 1938년 6월에 빈을 떠나 런던 햄프스테드Hampstead의 메어스필드 가든스Maresfield Gardens 20번지로 이주했다.

하루에 20개비 이상을 피는 지독한 애연가였던 프로이트는 구강암Gaumenkrebs 때문에 생전에 30번이 넘도록 수술을 했다. 결국 암의 고통으로 인해 1939년 9월에 그는 의사이자 친구인 막스 슈어Max Schur를 설득하여 모르핀Morphin을 투여하여 자살을 돕도록 했다. 프로이트는 미완성 원고 「정신분석학 개관」을 남겨 두고, 1939년 9월 23일에 83세를 일기로 망명지인 영국에서 죽었으며, 죽은 지 사흘 뒤에 그의 유해는 런던 골더스 그린 공동묘지 납골당Kolumbarium des Golders Green Crematorium im Nordwesten von London에 안장되었다.

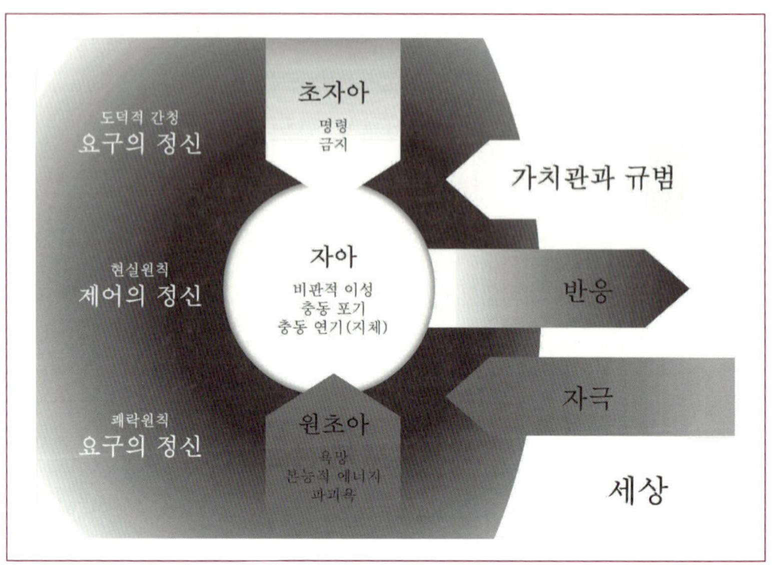

그림 2. 프로이트의 정신(심리, 마음) 구조

2) 프로이트의 정신심리, 마음 구조

프로이트의 정신심리, 마음 구조Der psychische Apparat nach Freud2)는 [그림 2]와 같다. 그림에서 '원초아'는 'Es그것', '무의식적 욕망', '원본능' 또는 '이드id'를 말하고, 쾌락원칙Lustprinzip으로서 '요구Forderung'의 정신심리, 마음을 의미하며, 여기에는 세상Umwelt의 '자극Reiz(매력, 유혹, 흥분)'에 대한 '본능적인 욕구, 욕망Bedürfnis'과, '리비도Libido(본능적 에너지, 성욕, 성충동)', 그리고 '데스트루도Destrudo(파괴욕, 파멸충동)'가 속한다. 다시 말해, '이드'는 영어 'it'의 라틴어 표기이며, 인간 정신의 맨 밑바닥에 깔려 있는 무의식층에 자리 잡고 있는 쾌락으로서 본능적 에너지를 의미한다. 예를

2) http://de.wikipedia.org/wiki/Sigmund_Freud 참조.

들면, 배고픔Hunger, 성충동Sexualtrieb, 성욕, 질투Neid, 미움Hass, 흥분Affekt, 신뢰Vertrauen, 믿음, 사랑Liebe 등이다.

'자아'는 'Ich나' 또는 '에고ego'를 말하고, 현실원칙Realitätsprinzip(사실(실재)원칙)으로서 '제어Kontrolle(통제)'의 정신심리, 마음을 의미하며, 여기에는 세상의 자극유혹에 대한 '반응Reaktion'으로, '비판적 이성Kritischer Verstand'과, '충동욕구포기단념, Triebverzicht'와, '충동욕구연기지체, Triebaufschub'가 속한다. 다시 말해, '에고'는 독어 'ich'의 라틴어 표기이며, 인간 정신의 의식층에 자리 잡고 있는 통제장치로서 이성적 에너지를 말한다. 즉, 본능적 에너지를 제어하면서 이성적 해결rationale Lösungen을 시도하려는, '이드'와 '슈퍼에고' 사이의 중개자Vermittler를 의미한다. 예를 들면, 이성적 생각과 자기비판적 사고vernünftiges und selbstkritisches Denken, 기억Erinnern, 느낌Fühlen, 자의적 행동의 실행Ausführen von Willkürbewegungen, 비판적-이성적으로 확정된 규범kritisch-rational gesicherter Normen, 가치관Wertvorstellungen, 세계관Weltbild 등이다.

마지막으로 '초자아'는 'Über-Ich초아' 또는 '슈퍼에고super-ego'를 말하고, '도덕적 간청(요청, 법정)Moralische Instanz'으로서 또한 '요구Forderung'의 정신심리, 마음을 의미하며, 여기에는 세상의 '가치관과 규범Wert- und Normvorstellung'에 대한 '명령Gebot(법칙, 계율)'과, '금지Verbot'가 속한다. 다시 말해, '슈퍼에고'는 독일어 'Über-Ich'의 라틴어 표기이며, 인간 정신의 전의식 층에 자리 잡고 있는 명령으로서 도덕적 에너지를 말한다. 즉, 슈퍼에고는 같이 의식 층에 자리 잡고 있지는 않지만 에스의 적수(상대방)Gegenpart zum Es로서 이드의 쾌락적 충동과 에고의 이성적 행동을 감시하는 도덕률을 의미한다. 예를 들면, 양심Gewissen, 부모의 명령과 금지Gebote und Verbote der Eltern, 교육적으로 심화된 행동규범verinnerlichte

Handlungsnormen, 선악관Vorstellungen von Gut und Böse 등이다.

3) 'Es – Ich – Über-Ich'와 'Bewusstes – Vorbewusstes – Unbewusstes'

프로이트는 정신심리, 마음의 기초를 원초아Es에 두고 있다. 이 원초아원본능에서 자아와 초자아가 나왔다. 본능적 욕구인 '이드'와 그것을 받고 있는 '에고', 그리고 에고가 스스로를 제어하는 '슈퍼에고'가 있어, 이 초자아에 반대하여 나쁜 행동을 하는 경우에 자책감Gewissensbiß이 생기고, 여기로부터 우울증, 열등감, 히스테리 등의 콤플렉스가 생기게 된다. 따라서 억압되어 있는 '이드'에 의한 콤플렉스를 어떤 방법으로든 해방시키는 것이 정신분석학의 신경증치료방법이며, 그만큼 모든 콤플렉스가 이드의 억제에서 발생한다고 할 수 있다. 반면에 초자아에 순응하여 착한 행동을 하는 경우에는 자부심Selbstgefühl이 생기게 되는 것은 자명한 일이다.

사실 프로이트는 위의 세 가지('Es – Ich – Über-Ich') 정신심리, 마음 구조 모델Strukturmodell der Psyche을 주장하기에 앞서 세 가지 정신심리, 마음) 지형학적 모델topographisches Modell을 제시하는데, 그것이 바로 '의식 – 전의식 – 무의식Bewusstes – Vorbewusstes – Unbewusstes'이다.

쉽게 말해, 지형학적으로 빙산Eisberg의 물 위에 떠 있는 부분이 의식이라면, 물 아래 잠겨 있는 부분을 무의식이라고 할 수 있다. 물론 전의식은 의식과 무의식의 경계에 자리 잡고 있으니, 수면을 경계로 물 안팎으로 보일락 말락 하는 부분이라고 할 수 있다. 즉, 일반적으로 빙산의 일각이 물 위에 떠 있기 때문에, 인간의 의식은 무의식에 비해 그 규모가 매우 작다고 할 수 있다. 따라서 인간이 현실에서 의식하면서 살아간다는 것은 극히 적은 정신심리, 마음을 인식하면서 생활하는 것이며, 반대로 지극히 커다란 무의식의 정신심리, 마음은 실제의 생활에서는 크게 활용하지 못한 채 살아간다고 볼 수 있다.

다시 말해, 인간의 의식은 깨어 있는 인간의 감각기관을 통해 인식하는 모든 일을 말하고, 인간의 전의식은 겉으로는 안 보이고 억압되어 있지만 주의를 집중하면 의식으로 끌어올릴 수 있는, 의식과 무의식의 경계에 놓여 있는 정신세계를 의미하며, 인간의 무의식은 현실에서 인간의 감각기관으로 인식할 수 없는 마음 깊은 곳에 감추어져 있는 잠재된 정신세계라고 할 수 있다. 그래서 이드는 인간의 무의식에 자리 잡고 있는 본능적 에너지라면, 에고는 의식의 사실세계에서 인식할 수 있는 이성적 에너지이고, 슈퍼에고는 전의식의 세계에 자리 잡고 있는 도덕적 에너지라고 말할 수 있다.

여기서 잊지 말아야 할 것은 인간이라는 하나의 몸 안에 위와 같은 세 가지(이드 - 에고 - 슈퍼에고) 정신 에너지와 세 가지(의식 - 전의식 - 무의식) 의식 구조가 공존한다는 것이다. 즉, 이 세 가지 정신 에너지와 의식 구조는 각기 독립된 개별적 정신 활동이 아니라, 유기적으로 연결된 복합적이고 역동적인 개념들이라는 점이다. 물론 오해하지 말아야 할 것은 이드와 에고와 슈퍼에고의 정신 구조와, 의식과 전의식과 무의식의 의식 구조가 같은 의미의 다른 용어표현이라는 점이다. 그러므로 '이드=무의식, 에고=의식, 슈퍼에고=전의식'이라는 표현이 프로이트의 정신분석학을 이해한 용어정리라고 할 수 있다.

그럼, 현존하는 인간이 어떻게 이 세 가지 정신 에너지와 의식 구조를 경험하면서 살아갈 수 있을까? 쉽게 말해, 우리가 깨어 있을 때에는 의식의 세계, 에고의 상태에서 이성적 생각과 자기 비판적 사고 가운데 기억하고, 느끼며, 자의적 행동을 실행하거나, 비판적이고 이성적으로 확정된 규범 또는 가치관 그리고 세계관에 따라서 합리적인 삶을 살아간다고 말할 수 있다. 반면에 우리가 잠을 자거나 환상에 잠길 때에는 무의식의 세계, 이드의 상태에서 본능적인 욕구와 욕망에 사로잡혀서, 리비도성충동 또는 데스트루도파멸충동에 의해 배고픔, 성욕, 질투, 미움, 흥분, 신뢰, 믿음, 사랑 등의 다양한 쾌락을 현실에서는 인식하지 못한 채 꿈속에서 경험하는 것이다. 물론 꿈속에서 간접 체험한 이러한 욕구들이 현실생활에서 종종 표출되기도 하여 깜짝 놀라거나, 꿈과 현실이 일치하는 놀라운 초인적 삶을 경험할 수도 있다. 가령 꿈속에서 묘령의 여인을 만나서 너무나 행복한 시간을 보냈는데, 아침에 일어나서도 그 여인의 아름다운 모습이 너무나 뚜렷하게 각인되었는데, 출근길에 지하철 안에서 그녀와 똑같은 여인을 만난다면 그 느낌이 어떻겠는가? 또한 현실에서 너무나 좋아하는 여인이 있는데, 맨 정신으로는 그녀에게 사랑고백을 전혀 하지 못하다가, 술에 취해 인사불성의 몽롱한 상태에서 용기를 내어 사랑고백을 한다면, 이드를 제어하는 억제력은 제 기능을 다하지 못한 거라고 말할 수 있다.

마지막으로 우리가 도덕적 사고나 양심에 몰입할 때에는 전의식의 세계, 슈퍼에고의 상태에서 이드의 쾌락적 충동과 에고의 이성적 행동을 감시하면서, 양심에 따라 행동하고, 부모의 명령과 금지에 순종하며, 교육적으로 심화된 행동규범을 준수하고, 선과 악을 구별하여 도덕적 삶을 영위하는 것이다.

3.

융의 분석심리학

그림 3. 융(Carl Gustav Jung, 1875~1961)

융Carl Gustav Jung(1875~1961)은 스위스의 정신과 의사로 분석심리학Analytische Psychologie의 창시자이다. 분석심리학이란 콤플렉스 심리학Komplexe Psychologie이라고도 하며, 1913년에 프로이트와 결별한 후 만들어 낸 심리치료 이론이다.

융은 프로이트의 영향을 받은 후배동료로서 그의 정신분석학의 계승자였지만 프로이트의 성욕Libido과 파괴욕Destrudo 중심의 쾌락원칙인 무의식Unbewusste의 개념을 분석심리학의 이름으로 한층 더 업그레이드시켰다. 융은 인간의 무의식 속에는 인간이 미처 인지하지 못한 고도의 문화적·상징적 에너지가 축적되어 있어서, 이것이 인간 의식을 발전시키는 창조적인 원동력이 된다고 주장한다. 다시 말해, 융의 분석심리학에서는, 무의식에는 파괴적이고 공격적인 특징만 있는 것이 아니라, 건설적이고 창조적 에너지도 있다는 것이다. 즉, 융에게 있어 리비도란, 프로이트의 정신분석학처럼 억눌린 유아기의 성적 충동만이 아닌, 인간 활동의 총체적 원동력이라는 것이다. 이러한 원초적이고 초월적인 정신마음, 심리은 인간의 개개인의 내면세계에 존재하는 '개인적 무의식Persönliches Unbewusstes'과, 조상으로부터 물려받은 유산 같은 '집단적 무의식Kollektives Unbewusstes'으로 나타나며, 또한 다양한 '원형Archetypen'으로 발전하게 된다. 이때 무의식은 육신의 언어가 아닌 '상징Symbole'을 사용하여 끊임없이 외적 자아ego, 곧 의식Bewusstes을 향해 메시지를 보내는 것이다.

1) 융의 생애[3)]

융은 1875년 7월 26일에 목사인 아버지 요한 융Johann Jung(1842~1896)과 어머니 에밀리에 융Emilie Jung(1848~1923)의 아들로 케스빌Kesswil에서 태어났다. 아버지 가문은 원래 마인츠Mainz 출신이며, 아빠와 이름이 똑같은 할아버지가 1822년에 바젤Basel로 이사 와서, 그곳에서 1864년까지 의학과 교수Professor für Medizin로서 근무했다. 그러니 융은 아버지가 아니라 할아버지의 전통을 이어받아 1895년부터 바젤 대학교에서 의학을 공부하여 정신과 의사가 되었다고 할 수 있다.

1900년에 스위스 취리히Zürich에 있는 부르크횔츨리Burghölzli 정신병원에서 일하면서 병원의 원장이었던 오이겐 블로일러Eugen Bleuler의 연구를 응용해 심리학 연구를 시작했다. 1902년에 융은 「소위 심령현상의 심리학과 병리학을 위하여Zur Psychologie und Pathologie sogenannter occulter Phänomene」라는 박사학위논문을 발표했고, 같은 해 겨울에 파리로 가서 그곳 살페트리에르 병원Hôpital de la Salpêtrière의 피에르 자네Pierre Janet(1859~1947) 교수 밑에서 조교로서 정신병리학을 연구했다.

1903년 2월에 스위스 북부 샤프하우젠Schaffhauserin 출신의 부잣집 딸인 엠마 라우쉔바하Emma Rauschenbach(1882~1955)와 결혼했고, 1914년까지 4명의 딸과 한 명의 아들을 낳았다.

1905년에 블로일러 교수 밑에서 이전 연구자들이 시작한 '연상검사diagnostische Assoziationsstudien'를 응용하면서 자극어에 대한 단어연상을

3) http://de.wikipedia.org/wiki/Carl_Gustav_Jung 참조.

연구했다. 이 연상은 성적인 내용을 담고 있는 경우가 많아서 당시 학계에서 자주 금기시 되곤 했다. 그는 특정한 상태를 설명하기 위해 '콤플렉스Komplex'라는 단어를 사용해 이에 관련된 학설의 기초를 마련했다. 또한 1907년에 프로이트를 처음 만났고, 그와 함께 정신분석학 연구를 하기도 했지만, 프로이트의 성욕중심설을 비판하고 독자적으로 연구하여 분석심리학설을 수립했다.

융은 인간의 내면에는 무의식의 층이 있다고 생각했고, 개체로 하여금 통일된 전체를 실현하게 하는 자기원형이 있음을 주장했다. 그는 자신의 경험으로부터 심리치료법을 개발하여 이론화했고, 심리치료를 받는 사람들에게 '개체화Phänomen der gespaltenen Persönlichkeit'라는 자신의 본질을 발견하는 과정(자기실현, Selbstverwirklichung)을 통해 더 완전한 인격체가 될 수 있다고 생각했다.

1910년부터 1914년까지 국제정신분석학회Internationalen Psychoanalytischen Vereinigung 회장직을 맡았고, 1912년에 그는 프로이트의 리비도이론Libidotheorie을 비판한 책 『리비도의 변환과 상징*Wandlungen und Symbole der Libido*』을 출판했다. 결국 융과 프로이트는 약 6년 만에 헤어지고 말았다.

1933년에 융은 취리히 연방 공과대학교ETH Zürich의 심리학과 교수가 되었고, 1935년부터는 명예교수Titularprofessor로 1942년까지 근무했다. 1943년에 그는 바젤 대학교의 의학심리학 교수로 재직했으며, 1948년에는 스위스 취리히에 융 연구소Jung Institut를 설립하여 집단적 무의식 이론Theorie des kollektiven Unbewussten 연구에 몰두했다.

마침내 1961년 6월 6일, 86세의 나이로 융은 퀴스나흐트Küsnacht에 있는 자택에서 세상을 떠났다.

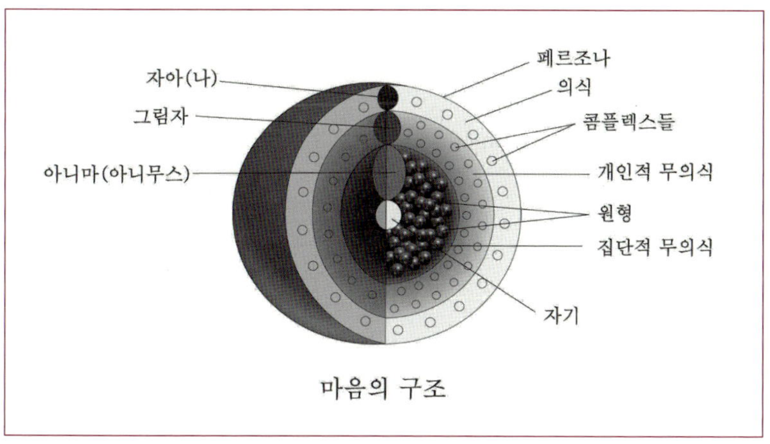

그림 4. 융의 인간 정신(마음, 심리)의 구조

2) 융의 마음정신, 심리의 구조[4)]

융은 인간 정신마음, 심리의 구조를 [그림 4]에서처럼 자아나, Ich, ego, 의식das Bewußte, the consciousness, 페르조나Persona(외적 인격), 콤플렉스Komplex, complex, 그림자Schatten, Shadow, 무의식das Unbewußte, the unconsciousness, 개인적 무의식das persönliche Unbewußte, 집단적 무의식das kollektive Unbewußte, 아니마Anima(남성의 마음속에 있는 여성상), 아니무스Animus(여성의 마음속에 있는 남성상), 원형Archetypus, 자기Selbst, Self, 자기실현Selbstverwirklichung 등의 개념들로 도식화했다.

① 자아

자아나, Ich, ego는 의식의 중심이다. 다시 말해, 인간의 마음정신, 심리에는 '나자아'라는 것이 있고, 그 '나'의 둘레에는 의식이 있어 '나'는 이 의식의 중심에 위치하는 것이다. 쉽게 말해, 인간은 누구나 '나'를

4) http://www.google.co.kr/search?newwindow 참조.

가지고 있고 '나'를 통해 바깥세상과 어울리기도 하지만, 또한 '나'를 통해 자기 마음 깊은 곳을 살피게 된다. 그래서 의식의 중심이 '자아'라는 것이다.

물론 정신 전체로 보면 자아가 차지하는 부분은 적지만, 자아는 의식의 문지기이면서 성격의 집행자로서 중요한 역할을 한다고 볼 수 있다. 따라서 개인의 의식이 다른 사람으로부터 분리되는 과정에서 의식이 시작되면 개성화가 시작되며, 의식의 견해를 나타내는 것으로서 지각 · 기억 · 사고 · 감정이 자아를 이루게 된다고 말할 수 있다. 심지어 자아는 오늘의 자아가 어제의 자아와 동일하다고 느끼는 인격의 동일성을 규정해 준다고 할 수도 있다.

② 의식

의식das Bewußte, the consciousness은 자아가 아는 세계, 곧 깨어 있는 세계를 말한다. 즉, 의식은 외부 세계에 대한 감각과 지각의 산물로 나의 신체, 나의 존재에 대한 의식, 그리고 일련의 기억 · 사고 · 감정 등에 의해 형성된다고 할 수 있다. 반대로 자아가 가지고는 있지만 아직 모르고 있는 정신마음, 심리세계를 무의식das Unbewußte, the unconsciousness이라고 할 수 있다. 의식은 항상 무의식과 대면하고 있기 때문에, 항상 유동적이며 어떤 때는 무의식이 되었다가 어떤 때는 의식이 되기도 한다. 이와 같이 의식 자체도 상대적인 것으로 강도의 차이를 가지므로 무의식성이 우세한 의식과 의식성이 우세한 의식이 있다고 말할 수 있다.

다시 말해, 자아가 의식하는 모든 감정 · 사고 · 감각 · 직관(생각, 마음, 느낌, 이념, 과거) 등 무엇이든지 자아를 통해서 기억되고 연상되는 정신적 내용과, 심지어 무의식적인 것을 의식화하려면 자아가 있고 의식이 있어야 한다고 말할 수 있다.

의식의 영역 안에는 두 개의 구조가 있다고 말할 수 있는데, 하나는 개인이 정체성과 연속성을 느낄 수 있는 원천으로 간주되는 자아ego이고, 다른 하나는 개인의 '공적 가면public mask' 또는 '세상을 향한 얼굴face to the world'인 페르조나persona이다.

③ 페르조나

페르조나Persona(외적 인격)는 개체의 외적 인격으로서, 인물사람을 뜻하는 독어 'Person'의 라틴어(Persona)이고, 고대 그리스의 연극에서 배우들이 쓰던 가면을 말하며, 개체가 바깥세상에서 하는 역할들, 곧 다른 이들에게 보이는 얼굴을 의미한다. 다시 말해, 집단이 개인에게 준 사명·역할·의무·약속 그 밖의 여러 가지 행동양식을 페르조나라고 하며, 외부 세계와의 관계에서 필요한 개체의 외적 인격이라고 말할 수 있다. 그래서 페르조나에는 사회적 요구에 부응하여 다른 사람들에게 보이는 역할, 태도, 행동이 포함된다.

쉽게 말해, 우리가 자신을 소개할 때, 흔히 자기의 이름·직업·출신지역·출신학교·가족관계 등을 이야기하게 되는데, 그 내용은 우리의 고유한 개성이기보다는 우리 자신을 집단적인 특성을 통해 표현한 것이라고 할 수 있다. 예를 들면, 어느 지역 사람, 어느 학교 출신, 어떤 집안 사람, 누구의 아들(딸), 누구의 아내(남편), 누구의 어머니(아버지), 어느 대학 교수, 어떤 과목 선생, 무슨 박사, 어떤 회사 회장, 어느 지역 의원 등이다. 이와 같이 한 개인을 포장하고 있는 집단정신의 인위적인 단면을 융은 페르조나라고 부른 것이다. 흔히 '체면', '낯', '도리', '본분' 등의 말로 표현되는 집단적인 행동규범이나 사회적 역할을 페르조나에 해당된다고 말할 수 있다. 결국 자아의 가면으로 개인이 외부 세계에 내보이는 이미지, 곧 개인이 사회적 요구에 의해 반응으로 내보이는 사회적 모습이 페르조나이다.

그러나 그 페르조나가 성격 발달에 방해가 될 정도로 강조될 때, 심리적 스트레스가 따르게 된다. 다시 말해, 자아가 페르조나와의 동일시가 심해지면, 자아는 정신세계와의 관계를 상실하게 된다. 따라서 사회에 적응하기 위해서는 어느 정도 페르조나가 발달하는 것이 필요하지만, 맹목적인 동일시는 진정한 개성화를 제약하는 결과를 얻게 된다. 갱년기의 우울증은 이와 같이 집단에서 형성된 페르조나를 자신의 개성으로 착각하는 데에서 비롯된 예라고 할 수 있다. 그러므로 집단의 도덕적 규범과 사회적 역할에 맹목적으로 자신을 동일시하여 그것이 자신의 오직 하나의 삶의 목표인줄 알고 살다가 어느 날 갑자기 심한 우울증이나 각종 심성신체장애에 빠지는 경우를 주의해야 한다.

④ 콤플렉스

콤플렉스Komplex, complex란 감정 · 생각 · 지각 그리고 기억의 '한 배열 상태eine Konstellation'로서 관념의 복합체를 의미하며, '감정이 강조된 심리적 내용gefühls- betonte Inhalte' 또는 그 내용을 중심으로 한 심적 요소의 어떤 일정한 '군집Gruppierungen', 곧 강박 관념군觀念群을 말한다.

콤플렉스 이론은 원래 융이 인간 심리 연구의 초기에 실시했던 실험적 연구인 '단어연상검사Wort Assoziationsexperiment, Word association test'에서 발견된 것인데, 이 검사는 100개의 단어들(머리, 초록색, 물, 노래하다, 죽음 등등)을 한 번에 하나씩 읽고 나서 피검자가 마음에 떠오르는 최초의 단어를 대답하는 것을 말한다. 예를 들면, '죽음'에 대한 콤플렉스가 있는 사람은 '죽음'에 대해 너무 많은 것이 연상되므로, 어느 하나를 말하는 데 시간이 길어지고 또 다양한 감정반응이 나타나게 된다. 이와 같이 콤플렉스란 인간의 사고의 흐름을 훼방하고, 당황하게 하거나, 화를 내게 하거나, 또는 가슴이 찔리거나, 목이 메게 하는 마음속의 강박관념들이다.

다시 말해, 콤플렉스는 하나의 '핵 요소Kernelement'를 마음의 중심으로 형성하는데, 이 핵 요소는 강박관념이라는 심적 에너지를 내포하고 있어서, 이것이 심리적인 여러 요소(감정, 생각, 지각, 기억) 중 그 강박관념에 맞는 내용을 자석이 자기장을 형성하듯 핵 요소에 결부시킨다. 예를 들어, '사랑'에 대해 강한 체험을 한 사람은 이것이 핵이 되어 '사랑'에 대해 연상되는 것들이 하나의 응어리를 형성하고, 이것이 무의식 속에 잠재해 있다가 '사랑'을 연상할 만한 상황이 재현되면, 자아로 하여금 '사랑'에 대한 일정한 콤플렉스 반응을 보이게 한다. 결국 사랑에 대한 감정, 생각, 지각 그리고 기억의 배열상태가 콤플렉스가 되어 쓸데없는 강박감에 사로잡히는 노이로제의 증상을 나타낸다고 할 수 있다.

앞의 [그림 4]에서처럼, 콤플렉스는 의식과 무의식에 골고루 퍼져 있는데, 콤플렉스를 오랫동안 무의식에 내버려 둔 채 의식하지 못하면, 콤플렉스는 의식을 자극하여 마음의 질서를 교란시키고 자아를 콤플렉스와 동일화하게 한다. 그러므로 콤플렉스를 의식화하는 것은 인격성숙의 중요한 과제이며, 지혜와 용기가 필요한 일이라고 하겠다. 아울러 인간이 무의식 세계를 모두 다 알 수 없듯이, 마음의 다양한 콤플렉스를 의식 세계에서 다 알아 낼 수는 없다고 말할 수 있다.

⑤ 그림자

그림자Schatten, Shadow란 자아나, ego의 어두운 면으로서 억압된 열등한 인격을 말한다. 즉 비도덕적이고 비합리적인 심리적 경향을 의미한다. 다시 말해, 그림자는 무의식적인 부분에 있는 나의 분신이며, 위선적이고 이중인격적인 무의식적인 인격, 곧 의식의 이면에 숨겨진 동물적 본성 같은 것이라고 말할 수 있다. 왜냐하면, 인간은 자아의식이 강하게 조명되면 될수록, 오히려 그림자의 어두운 모습이 짙어지게 마련이기 때문이다.

예를 들면, 『지킬 박사와 하이드 씨』에서 하이드는 지킬 박사의 그림자이고, 『슈퍼맨』에서 슈퍼맨은 클라크 기자의 그림자이며, 『조로』에서는 조로가 귀족 돈 디에고의 그림자이고, 『흥부와 놀부』에서는 놀부는 흥부의 그림자이며, 『콩쥐와 팥쥐』에서 팥쥐가 콩쥐의 어두운 면이고, 『파우스트』에서 악마 메피스토펠레스가 파우스트의 그림자라고 할 수 있다.

그림자가 개인적인 성격이 강하게 작용하면 '개인적 그림자persönlicher Schatten'가 투사되었다고 말하고, 집단적인 성격이 강하면 '집단적 그림자kollektiver Schatten'가 나타났다고 말한다. 예를 들어, 고부간의 일상적인 갈등, 직장상사와의 알력, 타인과의 참을 만한 불쾌감처럼 자아가 개인적으로 가깝게 지내는 동료 또는 사람에게서 나타나는 혐오감이나 부정적인 감정을 개인적 그림자라고 말할 수 있다. 반면에 대량학살, 집단자살, 국가 간의 전쟁처럼, 집단에 대해 죽이고 싶은 정도의 증오감, 혐오감에 따른 파괴적인 행동을 집단적 그림자라고 할 수 있다.

그림자는 자아가 의식적으로 하는 행동이라기보다는 무의식적으로 외부 세계에 투사되는 것이기 때문에, 자아는 이 투사되는 것을 통해 비로소 그림자의 존재를 알게 되는 기회를 갖게 된다고 말할 수 있다. 아무튼 그림자는 사회적으로 용납되기 어려운 특성과 파괴적 감정이 무의식에 억압되어 있는 동물적인 특성이라고 할 수 있다.

⑥ 무의식: 개인적 무의식, 집단적 무의식

무의식das Unbewußte, the unconsciousness이란, '자아나, ego'가 가지고 있으면서도 '자아'가 아직 모르는 정신마음, 심리세계를 말한다. 즉, 자아와 연관되어 있지 않은 모든 심리적 경향 또는 내용을 통틀어 무의식이라고 하며, 아직 의식되지 않은 정신세계이기 때문에 자아의 통제 밖에 있는 미지의 심층이라고 말할 수 있다. 그래서 융은 프로이트의 무의식의 속성(성욕과 파괴욕)과는 달리 무의식을 창조적이고, '꿈의 예지력'처럼 의식에게 미래의 가능성을 제시하며, 정신적 통합을 꾀하는 미지의 정신세계로 보았다.

융은 무의식을 개인적 무의식das persönliche Unbewußte과 집단적 무의식das kollektive Unbewußte이라는 두 가지 측면으로 나눴다.

개인적 무의식이란, 자아가 위험하다고 판단하거나 또는 부주의해서 의식에 들여보내지 않는 개인 경험의 잔재를 말한다. 다시 말해, 개인이 생활 체험을 통해 경험한 내용이 지극히 표면적이거나 억압되어 의식하기에는 부담스러운 정신의 영역을 말한다. 즉, 개인의 독특한 인생과 결부된 표면적이고 억압된 경험, 또는 아주 희미한 의식 경험, 또는 의식으로 수용하기에는 너무나 고통스러운 경험이 여기에 포함된다고 할 수 있다. 개인적 무의식에는 콤플렉스가 포함되는데, 이것은 정감으로 충전된 원형적 핵들을 둘러싸고 형성된 생각 · 감정 · 행동 ·

경험들의 배열 상태를 가리킨다. 융이 말하는 개인 무의식에는 성적이고 신화적인 요소뿐만 아니라 윤리적 기준도 포함되는데, 훗날 프로이트도 무의식의 일부분을 이루는 초자아에 대한 개념 설명에서 융의 이 주장을 인정했다고 한다.

집단적 무의식이란 개인적 무의식 층보다 좀 더 깊이 있는 무의식층에 자리 잡고 있으면서 문화, 인종, 시대의식, 지리적 조건의 차이에도 불구하고 인간이면 누구에게나 존재하는 근원적이고 보편적인 정신의 영역을 말한다. 다시 말해, 집단적 무의식은 모든 인류가 신화적이고 전통적인 방식으로 공유하는 인습적인 관념 또는 행위를 의미한다. 즉, 집단적 무의식은 모든 사람들이 공통적으로 갖고 있는 정신마음, 심리의 하부 구조이며, 물려받은 기억과 조상의 행동 패턴이 들어 있다고 말할 수 있다. 여기에는 더 깊고 보편적이며 원초적인 성격의 측면들이 포함되어 있는데, 그 무한한 가능성의 에너지는 의식에서 경험한 것과는 다른 이미지들을 만들어 낼 수 있다. 집단적 무의식에는 꿈과 환상 그리고 다른 창조적 경험들이 들어 있는데, 그 형태는 모든 사람들에게 있어서 유사하며, 인간이 언제나 겪어온 선과 악, 권력, 성性, 출생과 죽음 같은 중심 주제들과 연관되어 있다. 즉, 집단적 무의식은 의식의 뿌리이며, 모든 창조와 파괴의 가능성을 잉태하고 있는 씨앗과 같은 것이라고 말할 수 있다.

아무튼 무의식에는 개인의 출생 이후 특수한 경험을 바탕으로 이뤄지고 개인에 따라 서로 다를 수 있는 개인적 무의식과, 선천적으로 존재하고 시간과 공간을 초월해서 모든 인간에 있어 보편적인 성격을 띠고 있는 집단적 무의식이 존재하는 것이다. 그러므로 융의 분석심리학에 있어서는 개인의 경험이 무의식에 억압되어 있는 것을 의식화하는 것만이 아니라, 집단적 무의식을 의식화하는 것을 중요시하고 있다고 말할 수 있다. 따라서 개인적 무의식과 집단적 무의식은 인간의 무의식 세계 안에 있는 두 개의 역동적이고 상호 작용적인 정신마음, 심리 영역이라고 할 수 있다.

⑦ 아니마와 아니무스

아니마Anima(남성의 마음속에 있는 여성상)와 아니무스Animus(여성의 마음속에 있는 남성상)는 의식 세계의 외적 인격 페르조나와 대응하는 무의식 세계의 내적 인격을 말한다. 아니마는 남성의 마음Die Anima des Mannes이고, 아니무스는 여성의 마음Der Animus der Frau을 의미하며, 자아로 하여금 무의식으로 눈을 돌리게 하는 중요한 다리 역할을 한다고 말할 수 있다. 예를 들어, 신화와 동화에서 나오는 선녀 · 여신女神 · 공주 등이 아니마상이라면, 영웅 · 왕자 · 현인賢人 등은 아니무스상의 표출이라고 말할 수 있다.

다시 말해, 아니마와 아니무스는 개인에게 잠재된 무의식적인 인격으로서, 남자에게는 여성적 무의식적 인격체인 아니마가 존재하고, 여자에게는 남성적 무의식적 인격체인 아니무스가 존재하게 된다는 말이다. 사실 인간은 본래 아니마와 아니무스의 두 가지 성격을 모두 어느 정도 가지고 있다고 한다. 하지만 남성은 바깥세상에 관심이 많아 사고와 판단 · 이념이나 사상 · 철학 같은 추상적인 것을 추구하기를 좋아하는 반면에, 여성은 수동적이며, 분석하고 판단하기보다는 느낌으로써 세상을 받아들이는 경향이 강하게 때문에, 성별의 차이와 사회화로 인해 남성은 여성성이, 반대로 여성은 남성성이 억압되고 약화되어 있다고 볼 수 있다. 이것을 보통은 자아가 인식을 못하지만,

자신의 이상형 등을 결정하는 데 있어서 중요한 역할을 할 수 있다. 쉽게 말해, 남성이 자신에게 내재된 아니마상이 터프하다면, 터프한 여성에게 호감을 갖게 되며, 반면에 여성이 자신에게 내재된 아니무스상이 아버지와 같다면, 아버지와 같은 남성을 찾게 될 것이다.

쉬운 사례를 들면, 첫째, 남녀가 첫 눈에 반한다는 것은 남자의 아니마와 여자의 아니무스가 일치하는 사람을 만나게 되면 첫눈에 반하게 된다는 뜻이다. 물론 대다수는 나중에 현실적인 문제(이상형은 마음에 있지 현실은 아니다)에 부딪치게 되면 실망하게 되고, 그 실망은 환멸로, 환멸은 공허감으로 바뀌기 시작한다는 뜻이다.

둘째, 잉꼬부부라는 커플은 아니마와 아니무스에 합치되는 이성끼리 만나게 된 경우를 말하며, 서로에 대한 배려는 좋으나, 자신에 대한 배려가 소홀해지고, 자신으로부터 멀어질 수 있는 단점이 있다.

셋째, 남존여비男尊女卑 또는 여존남비女尊男卑의 사상은 아니마와 아니무스가 부정적으로 나타나는 것을 의미하며, 자신의 무의식 속에 있는 이성異性을 지나치게 비하할 때 나타나게 되는 현상이다. 심지어 '모성지배' · '부성지배'에 대한 공포심으로 인해, 청소년기에는 모성 · 부성 지배로부터 독립하여 반항아가 되며, 자기정체성(아니마와 아니무스)을 찾으려고 방황하기도 한다.

아니마와 아니무스는 각기 4단계의 발전단계를 가지고 있다.[5)]

아니마의 첫 번째 단계는 이브Eve상으로서 본능적이고 생물학적인 여성상이다. 두 번째 단계는 파우스트의 헬렌Hellen 같은 낭만적이고 미적 수준의 아니마로 아직 성적인 특징을 지닌 여성상이다. 세 번째 단계는 성모 마리아 같은 영적 헌신으로 지양된 에로스적 사랑의

5) 이부영, 『분석심리학』, 제3판(서울: 일조각, 2011), 110쪽 참조.

여인상이다. 네 번째 단계는 연금술의 사피엔티아Sapientia(지혜) 혹은 모나리자 혹은 관음보살 같은 가장 거룩하고 가잔 순수한 지혜의 아니마를 지닌 여인상이다.

아니무스의 첫 번째 단계는 운동경기의 스타, 레슬링 선수, 보디빌더, 타잔 같은 육체적인 영웅의 남성상이다. 두 번째 단계는 낭만적인 남성이나, 행동적인 남성으로서 전쟁영웅의 이미지 같은 남성상이다. 세 번째 단계는 교수나 목사 같은 교육과 말씀의 사자使者로서의 남성상이다. 네 번째 단계는 간디 같은 종교적 체험의 중개자로서 영적 진리로 이끌어가는 지혜로운 안내자의 남성상이다.

⑧ 원형

원형Archetypus이란, 인간이 태어날 때부터 가지고 있는 무의식적·선험적 이미지이며, 정신마음, 심리의 보편적이고 근원이 되는 에너지이다. 즉, 원형은 태곳적부터 인간에게 부여된 근원적인 행동 유형을 위한 선험적 조건으로서, 무한한 반복을 통해 경험 속에서 새겨진 무의식적 실체라고 말할 수 있다. 다시 말해, 원형은 의식의 뿌리이고, 정신 활동의 원천이며, 인류 보편의 원초적 행동 유형이라고 말할 수 있다.

원형 가운데서 핵심이 되는 유형을 자기원형Archetypus des Selbst이라고 하는데, 이는 의식과 무의식을 통일하여 하나의 전체를 이루게 하는 무의식의 원초적 조건으로서 전일의 상징, 대극합일의 상징을 의미한다. 즉, 모든 사람의 무의식 속에서 자기원형이 작동할 때, 의식의 일방성이 자율적으로 보상되고 개체로 하여금 통일된 전체를 실현케 하는 핵심적인 능력을 갖게 하는 것이다. 그래서 모든 정신적마음적, 심리적 갈등과 해리, 의식과 무의식의 단절과 해소를 통한 치유치료의 능력이 자기원형의 작용으로 비롯된다고 할 수 있다.

⑨ 자기와 자기실현

자아나, Ich, ego가 인간의 의식과 분별의 세계의 중심이라면, 자기Selbst, Self는 인간의 생각의 빛이 닿지 않는 어둠의 세계, 곧 무의식의 밑바닥에 깊이 놓여 있는 분별할 수 없는 세계의 중심이라고 말할 수 있다. 또한 자기의 세계는 자아의 세계보다 훨씬 큰 세계이고, 개인적 · 집단적 무의식의 원형으로서 모든 것을 포괄하는 세계를 의미한다. 그래서 자아가 무의식을 의식화하여 전체 정신마음, 심리의 중심인 자기에 도달하려고 실현하는 과정을 자기실현Selbstverwirklichung의 과정이라고 한다. 즉, 어둠의 세계인 자기의 세계를 빛의 세계인 자아의 세계로 끌어올리려는 과정이 깨달음의 과정이요, 자기실현의 과정이라고 말할 수 있다.

자기실현의 과정[6]을 도식화하면 다음 [그림 5]와 같다. 이 그림에서처럼 의식 세계의 중심인 자아가 자기실현을 위해 무의식 세계를 거쳐 자기에게로 도달하는 것을 자기실현의 과정이라고 설명할 수 있지만, 반대로 자기실현의 과정을 인식할 수 있는 곳이 깨어 있는 자아의 세계이기 때문에, 인간은 잠자고 있는 무의식 세계의 중심인 자기를 자아의 세계로 의식화하는 과정이 필요하다는 말이다.

다시 말해, 정신마음, 심리의 전체를 통괄하고 자각하려면 무의식적인 것을 깨달아가는 의식화 과정이 필요한데, 제일 먼저 부딪치는 무의식의 내용이 그림자이다. 그림자는 자의식의 무의식적인 부분인데, 이 그림자를 거쳐 내려가면, 아직 어둠 속에 가려서 잘 보이지 않는 내적 인격인 아니마와 아니무스를 만나게 되고, 그것을 거쳐 무의식의

6) http://www.google.co.kr/search?newwindow 참조.

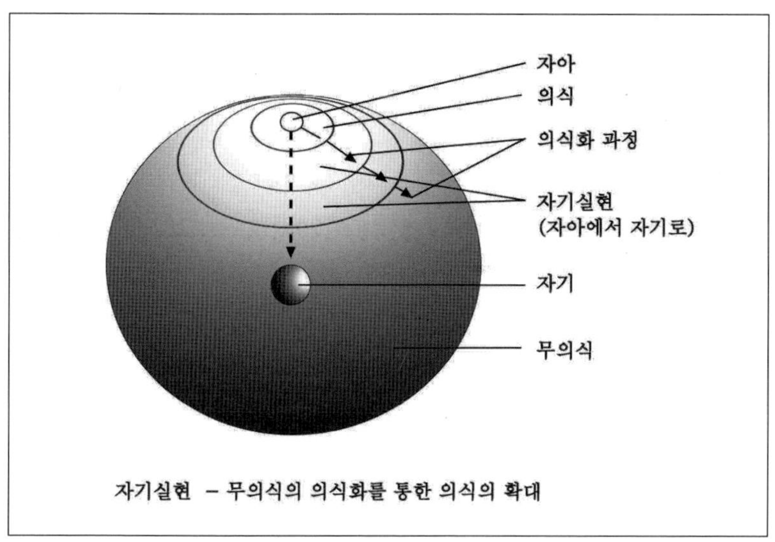

그림 5. 자기실현의 과정

핵심이자 가장 깊은 심층에 자리 잡고 있는 자기를 인식하여 의식화로 이끄는 것이 바로 자기실현의 과정이라는 말이다. 따라서 자기실현의 과정을 통해 인간이 자기 자신과 하나가 되는 놀라운 체험을 하기 때문에, 그것을 '개성화Individuation'라고도 부른다. 개성화는 자신의 전체의 인격을 실현하는 것을 말하는데, 인간은 누구나 자기실현을 할 수 있는 가능성을 태어날 때부터 가지고 있기 때문에, 자아의 좁은 울타리를 넘어 무의식적인 것을 깨달음으로써 본연의 자기를 실현한다고 말할 수 있다. 사실 의식과 무의식은 상호보완적 관계이지만, 무의식에는 그 깊이를 모르고 그 성질을 알 수 없는 것이 훨씬 많기 때문에, 무의식을 남김없이 의식화할 수 있는 완전한 자기실현이란 것은 사실상 불가능하다고 할 수 있다.

Ⅱ.

동화치료 실제

1.

해와 달이 된 오누이

『해와 달이 된 오누이』

옛날 어느 산골에 홀어머니가 어린 남매와 함께 살고 있었다. 어머니는 아이들을 집에 두고, 홀로 품팔이 나갔다가 돌아오는 길에 호랑이를 만났다. 호랑이는 인정사정없이 어머니의 떡과 팔과 다리 그리고 몸통을 차례로 먹어 버렸다. 그리고는 호랑이는 어머니로 가장하여 남매가 사는 집으로 찾아갔다.

엄마가 왔으니 문을 열어달라는 호랑이에게 아이들은 그의 거친 목소리와 털이 숭숭 난 손이 어머니와 다르다고 문을 열어 주지 않았다. 그러나 호랑이는 갖은 꾀를 써서 마침내 부엌으로 들어가 저녁밥을 준비하는 척했다. 치마 아래로 빠져나온 호랑이의 꼬리를 본 두 남매는 허겁지겁 도망쳐 뒷마당 우물가 곁에 있는 미루나무 위로 피신했다.

이들을 뒤쫓아 온 호랑이는 우물에 비친 오누이의 모습을 보고 나무 위로 어떻게 올라갔냐고 물었다. 처음에는 호랑이가 재치 있는 오라비 말대로 어리석게도 참기름을 바르고 나무에 오르려다 실패했고, 그다음에는 착한 누이가 일러 준 대로 도끼로 나무를 찍으면서 올라왔다. 위기일발의 순간에 오누이는 하늘을 향해 단단한 동아줄을 내려 달라고 기원했다. 드디어 두 남매는 하늘에서 내려온 단단한 동아줄을 잡고 하늘로 올라갔다.

그 광경을 본 호랑이도 하늘을 향해 기도했지만, 그에게는 썩은 동아줄이 내려왔다. 그것을 잡고 오르던 호랑이는 떨어져 죽었고, 호랑이의 피가 수숫대에 묻어 붉게 되었다.

하늘에 오른 오누이는 해와 달이 되었는데, 달이 된 누이동생이 밤이 무섭다고 하여 오빠와 바꾸어 해가 되었고, 오라버니가 자연스럽게 달이 되었다. 그런데 해가 된 누이는 사람들이 쳐다보는 것이 몹시 부끄러워서 강한 빛을 발하여 자기를 똑바로 쳐다보지 못하게 했다.

동화치료에서 중요한 점은 치료자가 힐링이나 테라피가 필요한 환자의 상태에 따라 선택한 동화에 대해 우선 잘 이해하고 있어야 하며, 명료하게 상담할 수 있는 준비가 되어 있어야 한다는 것이다. 동화를 통한 치료적 행위가 필요한 이유는 동화가 인간의 상상력을 바탕으로 구전口傳되거나 서사적으로 기록된 친숙한 이야기이기 때문이다.

특히 인간이 어린 시절에 체험했던 다양한 내용의 동화들은 성격형성에 많은 영향을 미쳤고, 자신의 미래를 꿈꾸었던 귀한 안내자였다. 동화에는 인간의 생사화복生死禍福과 권선징악勸善懲惡 그리고 전화위복轉禍爲福의 도덕적 가치관이 들어 있기 때문에, 삶을 올바르게 영위하는 이정표 역할을 했던 것도 사실이다.

하지만, 성인이 되고 나서 대부분의 인간은 다람쥐 쳇바퀴 돌듯이 일상생활에 빠져서 자신의 꿈과 비전을 망각한 채, 무한경쟁의 제도 속에서 시름시름 앓고 무기력한 인생을 살아가는 것이다. 물론 모든 사람이 다 그렇다는 것은 아니지만, 몇몇 사람들은 마음의 병이 깊어 극단적인 행동을 취하거나 우울증·대인기피증·사이코 패스 등 다양한 질병에 시달리고 있는 것이 사실이기 때문이다. 심지어 겉으로는 멀쩡해 보이는데 남다른 고민에 사로잡혀, 지나치게 흡연과 음주를 한다거나, 부모나 자식을 원망한다거나, 늘 웃기보다는 짜증을 내거나, 밤새도록 잠을 자지 않고 게임에 빠져 시간을 보내거나, 손에 스마트폰을 들고 무작정 카카오톡이나 문자보내기 삼매경에 빠지거나 등등, 겉보기에는 정상인처럼 보이는 너무나 다양한 비정상인들이 많은 게 아닌가라는 생각이 든다.

이렇게 몸과 마음이 병들어서 치료를 해야만 살 수 있는 시대에 그 첫 번째 동화치료 사례로 한국 전래동화의 대표작인 『해와 달이 된 오누이』를 읽고 힐링 또는 테라피의 방법을 연구해 보자.

◪ A 아주머니의 사례

A 아주머니는 40대 후반의 여성이다. 그녀는 평범한 집안에서 태어나 별다른 어려움 없이 유년기와 청년기를 보낸 뒤, 집안사람의 소개로 한 남자를 만나 결혼하게 된다. 슬하에 연년생의 남매를 두었는데, 그녀의 비극은 둘째를 낳은 지 얼마 안 되어 남편이 사고로 갑자기 죽은 뒤 시작되었다고 한다. 즉, 남편의 사망 뒤에 남매를 키우기 위해 온갖 힘든 일을 다 했다고 한다. 고구마를 쪄서 파는 일, 떡을 떼어서 파는 일, 남의 집 파출부, 청소부 등등 돈이 될 만한 일은 다하면서 어렵게 두 남매를 양육하여, 현재 큰아들은 대학 1학년, 작은 딸은 고 3 재학 중이라고 한다. 그녀는 갖은 고생을 다하면서도 자신의 삶과 너무 흡사한 어릴 때 감동적으로 읽은 위의 동화에서 마음의 위로를 받았다고 한다.

동화치료

우선 A 아주머니는 『해와 달이 된 오누이』에 등장하는 어머니와 흡사하고, 두 남매는 동화 주인공 오누이와 일치한다. 또한 실제로 남편이 일찍 죽었듯이, 이 동화에서도 아버지 부재로 서두문을 시작한다.

아버지 부재에 따른 가난해진 삶은 A 아주머니의 가족이 처한 상황과 비슷하고, 어머니가 남편을 대신하여 가족의 생계를 위해 일해야만 하는 상황이 동화 설정과 흡사하다. 사실 '가난'과 '아버지 부재'는 동화의 중요한 모티브이다. 많은 동화의 시작이 가난에서 출발하고, 그 원인이 아버지 부재로 밝혀지기 때문이다. 바로 이러한 가난과 아버지 부재의 모티브가 융이 말하는 집단적 무의식에 자리 잡고 있는 원형原型의 하나이다. 그 가난과 아버지 부재가 동화의 주인공 가족에게 콤플렉스로 작용했듯이, A 아주머니 가족에게도 콤플렉스로 자리 잡고 있다고 할 수 있다.

물론 아버지 부재가 가난의 원인이 되는 것은 오늘날에는 절대적인 것은 아닐 수 있다. 그러나 과거 어려운 시절에 특히 먹는 문제가 해결이 안 되었던 시대에는 가장의 역할이 부富 혹은 가난과 직접적인 관련이 있는 것이다. 내방자인 A 아주머니도 먹는 문제가 해결된 현재現在에 살고 있지만, 삶의 질이 문제가 되며, 더욱이 두 명의 아이들을 제대로 교육하기 위해서는 남편의 빈자리가 매우 컸으리라 생각된다.

아무튼 『해와 달이 된 오누이』의 출발 상황에서 서술되는 가난과 아버지 부재는 A 아주머니의 집안 상황과 크게 다르지 않다고 사료된다.

이제 오누이 엄마는 늘 그랬듯이 고개 너머 이웃 마을로 일을 하러 갔고, 그날따라 저녁 늦게까지 고된 일을 하고는 삯과 떡을 받아가지고 집으로 돌아가게 된다. 이 동화 『해와 달이 된 오누이』의 버전이 옮긴이에 따라 다양하지만, 본 교재에서는 이렇게 떡을 자신이 안 먹고, 아이들에게 주기 위해 고갯길로 접어들게 되는 것으로 줄거리가 진행된다.

일반적으로 우리에게 잘 알려진 버전은 오누이 엄마가 떡장수이고, 떡을 팔다 남은 것을 가지고 돌아가는 것으로 동화의 전반부를 장식한다. 오누이 엄마가 떡장수이든, 파출부이든 그녀의 직업이 문제가 되는 것은 아니고, 남은 떡을 본인이 먹지 않고 아이들을 위해 가지고 돌아온다는 모성애母性愛가 나타난다는 점이 중요하다. 이 모성애 역시 인간 무의식 세계에 자리 잡고 있는 원형으로서 부모의 '내리사랑'을 표현한 것이라고 할 수 있다.

집으로 서둘러 돌아가는 어머니 앞에 동화 등장인물의 적수이자 가해자 역할을 하는 호랑이가 갑자기 나타난다. 이 무서운 호랑이는 무엇을 상징하는 것일까? 호랑이는 산속에 살고 있는 동물의 왕이고, 어둠 속에서 두 개의 시퍼런 헤드라이트처럼 보이는 무서운 눈을 가진 섬뜩한 존재이다. 즉, 호랑이는 어머니의 부정적 무의식 속에 자리 잡고 있는 죽은 남편의 그림자이며, 곧 죽음을 상징한다.

A 아주머니에게도 "호랑이가 상징하는 게 뭘까요?"라고 물어봤는데, 그녀의 대답은 의외로 "죽은 우리 남편이 아닐까요?"였다. 순간 깜짝 놀랐지만, 충분히 그렇게 대답할 수 있다고 생각되었다. 왜냐하면, A 아주머니에게 남편의 부재는 늘 그녀를 힘들게 하는 원인이었기 때문에, 두 아이들을 남기고 일찍 죽은 남편이 그녀에게 부정적 그림자로 자리 잡고 있다고 이해할 수 있다.

어쨌든 이 호랑이는 죽은 남편의 그림자로서 오누이의 어머니뿐만 아니라, 오누이도 잡아먹으려는 죽음의 상징이라고 말할 수 있다. 쉽게 말해, 일찍 죽은 남편에 대한 원망과 그리움이 그녀에게는 자아나, ego의 어두운 면으로서 억압된 열등한 인격인 그림자가 되어 죽음에 대한 콤플렉스로 자리 잡게 된 것이다. 일반적으로 동화동장인물들에게는 감정의 세계가 없기 때문에, 이러한 강박관념强迫觀念에 사로잡혀 마음의 질서를 교란하는 일이 마치 동화치료에 어울리지 않는다고 생각할지 모르겠으나, 그렇기 때문에 결국 호랑이라는 등장인물을 만들어서 자연스럽게 그러한 숨은 뜻을 알아채지 못하게 하는 것이다.

어머니가 떡장수인 버전에서는 고개를 돌아 넘을 때마다 남은 떡을 다 빼앗기고, 먼저 한쪽 팔을, 그다음은 다른 쪽 팔을, 그러고 나서는 한쪽 다리를, 그다음은 남은 다리를, 마지막 고개에서는 남은 몸통을 호랑이에게 다 빼앗기고 어머니는 죽는다. 굉장히 끔찍하고 처절한 장면이지만, 동화의 평면적인 특성에 따라 마치 종이로 만든 인물처럼 쉽게 쉽게 몸의 사지四肢를 떼어 준다. 자식에 대한 어머니의 희생적 사랑이 반복적으로 강조되었지만, 결국 그녀의 희생은 무의미하다. 왜냐하면, 호랑이는 어머니를 먹어 치웠다고 아이들을 포기하지 않기 때문이다.

이 동화 버전에서도 마찬가지다. 떡을 다 먹어 치운 호랑이는 차례대로 고개를 돌아 넘을 때마다, 어머니를 다 잡아먹으니 말이다.

호랑이가 어머니의 팔과 다리 그리고 몸통을 차례차례 먹어 치우는 부분을 읽으면서 A 아주머니는 한없는 눈물을 흘렸다고 한다. 실제로 그녀도 두 아이를 키우면서 몇 번이고 죽으려고 했다고 한다. 어찌 그럴 마음이 없었겠는가? 오늘날 어린 자식들과 함께 강물에 빠져 죽거나, 불을 질러 타 죽거나, 극약을 먹고 죽거나, 높은 데서 떨어져 죽거나 하는 사건이 뉴스에 종종 나오지 않는가? 삶의 회의懷疑와 인생무상人生無常의 절박함이 그러한 극단적인 선택을 하는 이유가 된다고 할 수 있다. 하지만 인생이 아무리 고달프고 힘들다고 할지라도, 생명의 소중함과, 그 삶의 역경을 이겨내야 하는 놀라운 힘이 인간에게는 존재하기 때문에, A 아주머니는 어려운 환경에서도 꿋꿋이 두 아이를 양육하여 보란 듯이 대학생과 고등학생으로 키워 낼 수 있었다고 할 수 있다.

이제 호랑이는 엄마를 애타게 기다리는 오누이에게로 간다. 동화 줄거리의 전반부에서 어머니와 호랑이가 중심역할을 했다면, 후반부에서는 동화의 실질적인 주인공인 오누이와 호랑이가 중심이 된다. 어찌 보면, 호랑이는 동화 전체 줄거리에 모두 등장하고 가해자이자 적수의 역할을 수행하고 있으니, 그 역할의 비중이 주인공을 뛰어넘는 듯한 인상을 준다. 그 이유는 호랑이가 죽은 아버지의 그림자로서, 어머니뿐만 아니라, 오누이에게도 죽음을 야기하는 부정적 무의식의 원형이 되기 때문이다.

날이 어두워져서 밤이 되었는데도 돌아오지 않는 어머니를 애타게 기다리던 남매에게 호랑이가 어머니처럼 위장을 하고 어머니처럼 말을 하니, 동생은 기뻐서 문을 열고 어서 엄마를 만나길 기대하지만, 오빠는 신중하게 호랑이의 거친 목소리를 알아채고 문을 열어 주지 않는다. 마치 그림 동화 『늑대와 일곱 마리 새끼 양』에서 늑대가 어미 양을 흉내 내면서 어린 양들을 잡아먹으려고 시도하는 것과 유사하다.

하지만 그림 동화의 늑대가 거친 목소리와 시커먼 팔을 백묵과 밀가루로 분장한 뒤에 어린 양들을 속여서 집 안으로 침입하는 반면에, 호랑이는 단지 감기에 걸려서 목소리가 거칠어졌다는 말로서, 그리고 부엌으로 가서 밀가루를 바름으로써 오누이를 속이고 집 안으로 들어가는 데 성공한다. 또한 그림 동화에서는 늑대가 문이 열리자마자 닥치는 대로 어린 양들을 잡아먹는 반면에, 『해와 달이 된 오누이』에서는 호랑이가 배고프니 밥을 해달라는 오누이의 요구에 순순히 응하면서 부엌으로 나간다.

왜 호랑이는 방으로 달려 들어가 오누이를 바로 잡아먹지 않고 부엌으로 가서 밥을 짓는 척을 할까? 그것은 동화의 정해진 줄거리를 성취하기 위해서, 곧 부엌으로 들어가는 호랑이의 뒷모습에서 거짓 어머니가 들통 나게 하기 위해서이다.

그래서 어머니의 옷을 입고 어머니처럼 말을 하면서 어린아이들을 완전히 속였다고 생각한 호랑이는 결국 '꼬리가 길면 밟힌다'는 속담처럼, 옳지 못한 일을 여러 번 계속 해서 결국 들키고 마는 자업자득自業自得의 결과를 가져온다. 다시 말해, 순진하고 철없는 아이라고 해서 쉽게 무시하거나 마음대로 할 수 있을 거라는 어른들의 심리가 오판誤判이었다는 점이 비유적으로 드러나며, 호랑이와 오누이의 관계가 권위적인 아버지와 자식과의 뭇 가정의 모습을 암시한다고 할 수 있다.

어째든 죽음의 문턱에서 아이들의 순수한 본능적인 식욕과 관찰력이 엄마로 변신한 호랑이의 정체를 알게 하고, 그 죽음에서 벗어나려는 대항행동對抗行動을 개시하게 한다. 즉, 프로이트의 '이드'의 특성인 본능적 '리비도'가 여기서는 긍정적인 에너지로 작용하여 오누이에게 삶의 희망과 기회를 제공한다고 말할 수 있다.

그래서 오누이는 뒤꼍으로 도망가서 우물곁에 서 있는 커다란 미루나무 위로 올라간다. 여기서 미루나무는 땅과 하늘, 곧 이승과 저승을 연결시켜 주는 매개체이며, 어린 남매를 구해 주는 피난처와 생명의 상징이 된다.

한편 방 안에 아이들이 없는 것을 알아챈 호랑이도 뒤꼍으로 달려 나왔고, 우물에 비친 미루나무 위의 오누이 모습을 통해 두 아이가 나무 위에 있다는 것을 알아챈다. 물론 다른 버전에서는 땅에 비친 오누이의 그림자를 통해 나무위의 오누이를 발견한다는 줄거리 전개도 있으며, 한국 전래동화의 원전과 옮기는 이에 따른 다양한 버전

사이의 문제를 연구할 가치가 있다는 점을 부언한다.

이제 호랑이가 나무 위에 있는 오누이에게로 올라가는 장면에 세 번 반복되어 시도된다. 숫자 '3'은 동화에서 가장 즐겨 쓰는 상징적 숫자이다. 가위 바위 보를 할 때도, 게임을 할 때도 삼세번을 하는 게 익숙하기 때문에, 숫자 '3'은 민속적·전통적인 숫자라고도 한다. 어쨌거나 호랑이가 나뭇등걸(나무를 베어 내고 난 밑동)을 잡고 나무를 올라가려는 첫 번째 시도는 실패한다. 한 번으로 끝낼 수는 없으니, 두 번째 시도 때는 아이들에게 묻는다.

나무를 오르려는 절박한 호랑이에게 오라비는 '참기름을 바르고 올라왔다'고 말함으로써 그의 재치가 독자로 하여금 웃음을 자아내지만, 한편으로는 호랑이의 어리석음이 드러나는 장면이라고 할 수 있다. 이것은 '호랑이에게 물려 가도 정신만 차리면 산다'는 속담을 풍자한 것이며, 죽음의 사신인 호랑이 앞에서 당당하게 맞서는 어린아이들의 용기와 지혜를 해학적으로 표현한 장면이라고 할 수 있다. 가뜩이나 미끄러운 미루나무 오르기에서 참기름을 바르고 오르려니 '불에 기름을 붓는 격'이 아니겠는가?

세 번째 오르기 시도에서는 여동생의 천진난만天眞爛漫함이 호랑이에게 나무 오르기 방법을 이실직고以實直告한다. 도끼로 찍으면서 올라오면 된다는 철없는 여동생의 진실고백眞實告白이 결국 호랑이에게 나무 오르기를 가능케 한다. 도끼는 '나무를 쪼개거나 다듬는 데 쓰는 연장'인데, 다른 동화 버전에서는 '까뀌'로 서술되기도 한다. 까뀌 또한 '나무를 깎거나 다듬는 데 쓰는 연장'이며, 도끼와 더불어 동화의 가베로서 동화 등장인물들이 나무를 오르는 데 사용하는 동화의 소도구이다. 더욱이 말하는 호랑이, 도구를 이용하는 호랑이, 곧 호랑이를 '의인화'

하는 기법인데, 어느 장르에서보다도 동화에서 즐겨 사용하는 문체특징이라고 말할 수 있다. '옛날, 호랑이가 담배피던 시절'이라는 서두문의 시작에서 호랑이는 동물의 왕이고 사람을 잡아먹는 무서운 동물인데도 불구하고, 인간은 늘 그러한 존재를 피하고 멀리 하기보다는 오히려 가까이에서 다루고 같이 대화하고 즐기는 해학적이고 풍자적인 면을 강조한다. 이는 인간의 무의식에 잠재된 부정적인 그림자를 의식으로 끌어올려서 그것을 극복하려는 선조의 지혜이자 심리적 극복을 의미하며, 무엇보다도 동화에서 그것이 잘 묘사되고 있다고 할 수 있다.

아무튼 호랑이가 나무를 도끼로 찍고 올라와서 오누이의 발밑에 도달하는 위급한 상황에 오빠는 하늘을 향해 단단한 동아줄을 내려 달라고 기도한다.

19세기 초에 그림 동화집 『아동과 가정 동화』가 출판되었을 때, 읽을거리가 없었던 그 당시 어린이들에게 선풍적인 인기를 끌게 되어, 동화책에 파묻혀 성경을 읽지 않게 되자 많은 시달림 끝에 그림 형제가 기독교적인 내용으로 동화를 채색했듯이, 우리 한국 전래동화의 기록에서도 엮은이의 신앙에 따라서 다양한 버전으로 기도하는 장면이 서술되고 있다고 말할 수 있다. 어쨌거나 동화 주인공인 오빠의 소원대로 단단한 동아줄이 하늘에서 내려와서 오누이는 하늘나라로 올라가게 된다. 하늘로 스르르 올라가는 동아줄에서 동화에서 즐겨 사용되는 '자동화'의 특징이 나타나며, 단어나 문장의 반복을 좋아하는 '추상적 문체'의 특징을 볼 수 있다.

단단한 동아줄을 다른 동화 버전에서는 '쇠줄'로도 묘사하는데, 호랑이에게 내려오는 썩은 동아줄과 대비가 되기 때문에 이 표현이

'쇠줄'보다는 더 동화적이지 않나 하는 생각이 든다. 물론 '동아줄'이라는 단어 속에는 '굵고 튼튼하게 꼰 줄'이라는 뜻이 들어 있기 때문에 '쇠줄'이라는 표현보다는 '동아줄' 자체를 비교하는 게 더 어린아이의 눈높이에 맞는다고 생각한다.

동아줄이든 '쇠줄'이든 하늘에서 내려오는 이 줄은 하늘과 땅, 곧 저승과 이승을 연결시키는 매개체 역할을 하며, 동화의 특징인 '일차원성'을 묘사한 지극히 동화적인 하사품(가베, Gabe)이라고 말할 수 있다.

그 장면을 보고 있던 호랑이도 하늘을 향해 동아줄을 내려 달라고 기도한다. 기도하는 호랑이의 모습이 짐짓 그럴싸하게 보일지는 몰라도, 호랑이의 기도는 욕심 많은 기도요, 의미 없는 기도이다. 그럼에도 불구하고, 하늘에서 동아줄이 내려온다. 그러나 그것은 썩은 동아줄이다. 이미 어머니를 잡아먹고 아이들을 잡아먹으려고 드리는 기도가 온전한 기도이겠는가? 예상대로 썩은 동아줄은 얼마 동안 올라가다가 뚝 끊어지고 만다.

하늘로부터 수수밭으로 떨어진 호랑이의 낙상사落傷死. 죽음의 사신인 호랑이가 비참하게 죽음으로서 독자들은 자신의 두려움과 슬픔이 해소되고 마음이 깨끗해지는 '카타르시스catharsis'를 맛보게 된다. 심지어 수숫대의 붉은 부분이 이때 호랑이가 떨어져 죽으면서 생긴 핏자국 때문이라는 이야기의 전개는 지극히 전설적인 내용의 결합이라고 할 수 있다. 여기서 동화 줄거리가 끝나도 무방하겠지만, 『해와 달이 된 오누이』의 제목에 알맞게 두 주인공의 하늘에서의 역할로 동화 줄거리의 마지막을 해피엔딩으로 마무리한다. 즉, 오빠가 해가 되고, 여동생이 달이 되었다는 결말로 동화를 끝낼 수 있었지만, 우리 선조의 지혜가 서양에 대한 지식과 맞물려 여동생을 해로, 오빠를 달로 역할교환役割交換을 한 뒤 영원한 삶에 대한 기원으로 동화를 끝맺는다. 다시 말해, 독어로 '해'는 'die Sonne'이고, '달'은 'der Mond'이다. 즉, '해'가 여성명사이고 '달'이 남성명사란 뜻이다. 따라서 여자아이인 누이가 해가 되고, 남자아이인 오라비가 달이 되는 것이 동서양의 이치에 맞기에 이러한 역할교환을 추구한 거라고 할 수 있다.

피검자 A 아주머니는 이 동화의 마지막을 읽었을 때 많은 눈물을 흘렸다고 한다. 자신의 처지와 너무 흡사한 내용의 동화인 점도 그렇거니와, 그래도 동화 속에서는 어머니는 죽임을 당하지만, 두 아이들은 해와 달이 되어 영원한 삶을 살아가는 결말이 감동적이었기 때문이라고 한다. 실제로 힘든 삶을 살아온 그녀에게 동화를 통해 지금까지의 삶보다는 앞으로의 삶에 대한 희망적인 메시지를 발견했으며, 특히 해피엔딩의 동화 종결문을 통해 자신의 정신을 짓눌렀던 '가난'과 '남편 부재'의 콤플렉스를 벗어날 수 있는 가능성을 발견했기 때문이라고 한다.

남편의 죽음이 그녀의 무의식에 억압되어 있는 동물적인 특성, 곧 그림자로 자리 잡아, 늘 불안정한 삶을 살아왔는데, 어렸을 때 읽었다가 잊어버리고 있었던 전래동화 『해와 달이 된 오누이』를 다시 읽고 동화치료사와의 상담을 통해, 그녀는 죽음의 콤플렉스를 의식화함으로써, 인격성숙을 가져올 수 있었다. 뿐만 아니라 그녀는 동화치료를 통해 내면의 긍정적인 바이러스인 지혜와 용기를 일깨움으로써, 새로운 삶에 대한 희망을 갖게 된 것이다. 그렇게 어린 시절에 경험했던 동화를 통한 힐링이나 테라피는 어둠의 세계인 자기의 세계를 빛의 세계인 자아의 세계로 끌어올리려는 과정, 곧 자기실현의 과정이라고 해도 과언은 아니다. 이것이 깨달음의 과정이요, 데스트루도파멸충동를 극복하는 보다 나은 인생에 대한 희망적인 원동력이라고 말할 수 있다.

2.

호랑이와 곶감

『호랑이와 곶감』

옛날 어느 날 밤에 배고픈 호랑이가 마을로 내려와 먹을 것을 찾고 있었다. 외양간에 살찐 소 한 마리가 있는 집으로 들어온 호랑이는 때마침 울고 있는 아이를 달래는 어머니의 목소리를 엿듣는다. 어머니가 밖에 호랑이가 왔으니 울지 말라고 달래는데도 아이가 계속 울자, 호랑이는 내심 호랑이도 무서워하지 않는 아이라고 생각했다. 다시금 어머니가 곶감을 줄 테니 울지 말라고 하자 언제 그랬느냐는 듯이 아이가 울음을 뚝 그쳤다. 그러자 호랑이는 곶감이라는 놈이 자기보다 무서운 존재라고 생각했다.

겁먹은 호랑이는 뒷걸음쳐서 소외양간까지 왔는데, 그때 마침 소도둑이 들어왔다가 호랑이를 소로 착각하고 등에 올라탔다. 그 순간 호랑이는 등에 올라탄 놈이 틀림없이 곶감이라고 착각하고, 죽을힘을 다해 달아났다. 도둑은 도둑대로 소가 아니라 호랑이 등에 올라탔다는 것을 알아채고는 등에서 떨어지지 않으려고 호랑이의 목덜미를 죽을힘을 다해 움켜쥐고 있었다. 동이 트자마자 도둑은 호랑이 등에서 뛰어내려 고목나무 속에 숨었다. 곶감에서 벗어난 호랑이도 '이제 살았구나!'라고 생각하고 마구 뛰어서 산속으로 달아났다.

한편 고목나무 속에 숨어 있던 소도둑은 오금이 절여 꼼짝 못하고 날이 밝기를 기다렸다. 이때 곰이 소도둑을 발견하고 호랑이에게 곶감이란 놈이 사람이니 가서 잡아먹으라고 얘기하지만, 놀란 가슴이 진정되지 않은 호랑이는 이를 믿지 못하니 함께 가자고 한다. 곰이 먼저 내려가서 고목나무의 움푹 파인 부분에 숨어 있는 소도둑의 입구를 궁둥이로 막았다. 꾀가 많은 소도둑은 곰의 엉덩이에 있는 꼬리를 있는 힘을 다해 움켜쥐고는 꼼짝도 하지 않았다. 뒤늦게 도착한 호랑이는 아프다고 소리치는 곰의 울음소리에 놀라서 뒤도 돌아보지 않고 산속으로 줄행랑쳤다. 결국 소도둑의 꾀에 넘어간 곰은 꼬리가 잘려서 울면서 산속으로 도망쳤고, 소도둑은 간신히 몸을 추스르고는 자기 집으로 줄행랑을 쳤다. 그래서 호랑이와 곰은 무서운 곶감 때문에 다시는 산속에서 나올 엄두를 내지 못했다.

◪ B 아저씨의 사례

B 아저씨는 50대 중반의 남자이다. 그는 한 중견기업의 팀장으로 일하고 있다. 그는 성격이 불같고 늘 남보다 우월하다고 자부하면서 살아왔다고 한다. 그래서 자신의 일은 잘 하는지 모르지만, 직장동료들하고는 별로 좋은 관계를 형성하지 못하고 지내는 것 같다. 그가 치료자를 찾아온 이유는 바로 이러한 성격과 유아독존唯我獨存 같은 삶으로 인해 점점 외로워지고, 심지어 가족들조차도 군림하려는 그의 모습에 점점 멀어지는 상태에서 그 해결 방법을 찾기 위해서였다.

동화치료

B 아저씨는 세상에서 자기만 잘났다고 뽐내는 태도로 지금까지 살아왔다. 그래서 자신이 소위 '왕따'가 되어 점점 사람들로부터 멀어지는 이유를 모르면서도 크게 아쉬움 없이 살아왔다. 하지만 세월이 지나 갈수록 가족들마저 그를 멀리하게 되니, 그 심각성을 인식하여 상담하러 온 것이다. 그러나 그는 그 원인을 정확히 무엇인지 알지

못한 채 오히려 다른 이들을 탓하면서 자신이 원인제공자는 아니라고 주장한다. 그래도 그가 어렸을 때 읽은 동화는 있을 것 같아 물어보니, 가장 감동적으로 읽은 동화 중에 『호랑이와 곶감』이 있다고 해서, 그 동화를 선택하여 동화치료를 위한 상담을 할 수 있었다.

한국 전래동화 『호랑이와 곶감』은 산중의 왕 호랑이가 마을로 내려가 외양간에 있는 소 한 마리를 잡아먹으려다가 방 안에서 들리는 아이의 울음소리와 어머니의 달래는 소리를 듣게 되는데, 호랑이가 왔다는 말에도 울음을 그치지 않던 아이가, 곶감을 주니 울음을 뚝 그쳐서 호랑이가 놀랐고, 마침 소도둑이 호랑이를 송아지로 알고 붙잡자마자 무서워서 도망치는 해학적인 이야기다.

이 동화 주인공은 호랑이이다. 대부분의 동화에서 동물과 사람이 나오는 경우에 사람이 주인공이 되어 줄거리가 전개되는 반면에, 이 동화에서는 호랑이라는 동물이 주인공이고 오히려 어머니와 아이는 조연의 역할을 한다고 말할 수 있다.

『호랑이와 곶감』이라는 제목에서 알 수 있듯이, 또 다른 주인공 곶감이 호랑이처럼 의인화되어 등장해야 하건만, 여기서는 곶감은 말 한마디 없이 그저 어머니와 아이의 대화 속에, 그리고 호랑이의 상상 속에 등장하는 존재이다. 그러니 이 동화의 실제적인 주인공은 오직 호랑이라고 할 수 있다. 또 다른 등장인물인 도둑은 호랑이에게 곶감으로 오인되어 줄거리 진행에 커다란 역할을 하니 호랑이 입장에서 보면, 가해자이자 적수의 역할을 한다고 할 수 있다.

반면에, 동화의 막바지에 등장하는 곰은 호랑이에게 곶감의 존재가 결국 인간이라는 것을 가르쳐 주는 조력자 역할을 한다고 볼 수 있다. 그럼에도 불구하고 도둑은 재치와 기지로 곰의 꼬리를 필사적으로 붙잡아 호랑이에게 들키지 않고, 호랑이는 역시 곶감은 무서운, 자기보다 센 존재라는 것을 인식하게 되며, 곰의 꼬리는 도둑에게 뜯겨서 이후 짧게 되었다는 내용과, 무서운 곶감 때문에 호랑이와 곰은 더 이상 마을로 내려오지 않게 되었다는 이야기로 동화를 끝내게 된다.

사실 호랑이는 도둑이 등에 타고 도망치다가 고목나무의 나뭇가지로 뛰어올라 벗어났을 때, 곶감에서 벗어난 것에 매우 안도하면서 산속으로 도망치고 다시는 마을로 내려오지 않는 것으로 대부분의 동화 버전은 끝을 내지만, 이 동화 버전은 또 하나의 곁줄거리를 전개하여 곰을 등장시켜 꼬리가 잘리는 내용을 덧붙인 것이다. 그래서 마치 두 가지 동화가 뒤섞여 하나의 동화가 된 듯한 인상을 준다. 물론 다른 동화 버전에서는 곰 대신에 토끼를 등장시키기도 하고, 곰은 소도둑에게 잡혀 먹히고 호랑이는 도망치는 결말도 있다. 역시 전해 내려오는 전래동화는 옮긴이에 따라 동화 줄거리가 다양하게 진행되는 특징이 있다고 하겠다.

아무튼 이 동화에서 핵심은 호랑이 보다 더 센 존재가 있을 수 있다는 것이다. 다시 말해, 호랑이가 산중의 왕으로서 자신보다 더 세고 무서운 존재는 없을 거라고 생각했는데, 자신의 영역이 아닌 인간 마을에는 훨씬 강한 존재가 있다는 점을 깨달았다는 것이다.

바꿔 얘기하면, 유아독존의 삶을 살아온 B 아저씨에게는 자신이 호랑이처럼 군림하면서 살아왔을지라도 결국 자신보다 세고, 강한 존재인 '왕따'가 곶감처럼 존재한다는 점이다. 혹시 곰처럼 호랑이에게 붙어서 곶감의 정체를 가르쳐줄 친구가 B 아저씨에게 있을 수는 있지만, 그 관계는 결코 길게 가지 않는다는 것을 인식해야만 한다.

여기서 호랑이는 B 아저씨의 개인의 '공적 가면public mask 또는 '세상을 향한 얼굴face to the world'인 페르조나persona를 의미한다. 즉 B씨는 자아의 가면으로 개인이 외부 세계에 내보이는 이미지, 곧 개인이 사회적 요구에 의해 반응으로 내보이는 사회적 모습을 호랑이라는 외적 인격으로 동일시하는 것이다. 그래서 그는 사회적 요구에 부응하여 다른 사람들에게 보이는 역할, 태도, 행동 등을 안하무인眼下無人식으로 방자하고 교만하여 다른 사람을 업신여기면서 살아왔음을 각성하고, 지금까지의 편향된 삶을 변화시켜야만 한다. 즉, 반평생 그의 정신마음, 심리에 고정된 '체면', '낯', '도리', '본분' 등의 말로 표현되는 집단적인 행동규범이나 사회적 역할을 조절하여, 남을 배려하고 이해하려는 낮은 자세를 가져야 한다는 뜻이다.

배가 고파 마을로 내려갔다가 자신보다 강한 존재를 만나 허겁지겁 산 위로 뛰어 올라와서는 좋은 먹잇감인 곰을 친구처럼 대하는 호랑이 같이 인생의 쓴맛을 더 보기 전에 남과 더불어 살아가는 겸손과 낮아짐을 타인他人들에게 보여줘야 한다.

그러므로 B씨는 어려서부터 그의 성격발달에 방해가 된 페르조나의 심화에 따른 심리적 스트레스에서 벗어나기 위해, 그리고 그의 유아독존의 삶이 가져온 왕따의 콤플렉스로 인한 우울증이나 심성신체장애로 빠지기 전에, 자신의 진정한 자아와 정신세계와의 관계를 회복해야 하며, 동시에 가족과 회사동료와의 조화된 삶을 추구해야 할 것이다. 그것이 '구사일생九死一生,' 곶감에서 벗어나서 자유롭게 산속에서 살게 된 호랑이의 삶이자, B씨의 자아와 페르조나의 동일시에서 벗어나 진정한 개성화를 추구하는 희망적인 노후老後의 삶이 될 것이다.

3.

풋배 따기 모험

『풋배 따기 모험』

옛날 어느 마을에 효성이 지극한 삼형제와 그들의 홀아버지가 살고 있었다. 어느 날 아버지가 병에 결려 자리에 눕게 되었는데 비몽사몽간에 아버지는 꿈에서 풋배를 먹고 병이 나은 이야기를 삼형제에게 들려주었다. 그러자 맏아들이 먼저 풋배를 따기 위해 집을 나섰다. 산을 넘고 숲을 지나갈 때 큰아들은 하얀 머리의 할머니를 만났고, 그녀로부터 갈대와 새를 만나게 되면 그들이 이르는 대로 행동하라는 조언을 들었다. 그런데도 맏아들은 고맙다는 인사도 없이 갔고, 할머니는 화가 나서 두 가지 물건을 그에게 주지 않았다.

맏아들은 할머니가 말한 갈대밭에 도착했고, 돌아가라는 푸른 갈대들의 말을 어기고는 계속 걸어갔다. 이번에는 검은 새가 가면 안 된다고 경고했지만, 그는 무시하고 계속 걸어가서 마침내 풋배가 달린 나무가 서 있는 연못에 도착했다. 기쁜 마음에 허겁지겁 풋배를 따려는 큰아들을 큰 뱀이 물속에서 쑥 튀어나와 꿀꺽 삼켜 버렸다.

큰형이 돌아오지 않자 이번에는 둘째 아들이 풋배를 따러 갔다.

맏아들과 마찬가지 코스로 진행된 둘째 아들의 풋배 따기 모험에서도 머리 하얀 할머니를 만났고, 같은 조언을 들었지만 결국 큰형과 같은 결과를 맞았다. 이제 마지막으로 삼형제 중 막내가 길을 나섰다. 막내도 형들이 만났던 할머니의 말을 듣고는 두 형들과는 다르게 진심으로 감사했고, 그 덕에 인형과 칼을 덤으로 받았다. 재차 고마움을 표시한 막내아들은 인형과 칼을 품에 지니고는 계속 걸어갔고, 일사천리로 푸른 갈대에게도 흰 새에게도 가도 좋다는 허락을 받았다. 그때마다 인사성이 밝은 막내에게 또 다른 물건인 공기와 쟁반이 선물로 주어졌고, 모두 네 가지 물건들을 품에 지닌 채 막내는 드디어 풋배가 있는 연못에 도착했다.

막내아들은 먼저 인형을 꺼내 풋배를 따려는 시늉을 하자, 물속에서 큰 뱀이 불쑥 올라와서 그 인형을 삼켜 버렸다. 그 순간을 놓치지 않고 막내는 칼을 빼내어 뱀의 몸통을 베었다. 그러자 뱀의 몸통에 잡혀 있던 두 형이 튀어나왔고, 뱀은 몸부림치면서 물속으로 가라앉았다. 막내는 공기로 물을 떠서 형들의 얼굴에 끼얹었고, 정신을 차린 두 형과 함께 풋배를 쟁반에 담아 가져올 수 있었다. 삼형제가 가져온 풋배를 먹은 아버지는 언제 아팠냐는 듯이 병이 싹 사라졌고, 그들 모두는 오래오래 행복하게 살았다.

동화치료에서 중요한 점은 심신의 병을 치료하는 데 있어 마음정신, 심리치료에 포커스를 맞추는 일이다. 그 이유는, 몸의 상태는 마음의 상태와 직접 연관이 되어 있고, 마음이 병들면 몸이 병들기 때문이며, 마음의 치료가 몸의 치료보다 선행되어야 온전한 심신의 치유를 가져올 수 있기 때문이다. 아울러 병든 몸은 외과의 병이든 내과의 병이든, 경우에 따라서 수술과 약 등의 의학의 도구로 치료할 수 있지만, 병든 마음은 다양한 방법 중에서도 동화를 활용하여 인간의 정신을 치유해야만 쉽고 온전하게 치료되기 때문에, 인간 정서의 엑기스인 동화로 피검자의 병든 마음을 다스리는 게 좋다.

◪ C 청년의 사례

C 청년은 20살의 대학생이다. 집에서 삼형제 중 막내인데, 딸을 기대했던 부모님이 여자아이처럼 키웠기 때문에, 온갖 응석을 다 받아주고, 삼형제 중 가장 예뻐했다고 한다. 그래서 그런지 대학생이 되어서도 여전히 응석을 부리고, 두 형을 종처럼 부리며, 대학에서도 이런 습관 때문에 소위 '마마보이'라는 소리를 들을 정도로 1학년을

보냈다. 그리고 군軍에 가게 되었는데, 너무 너무 가기 싫다고 치료자를 내방했다.

동화치료

다행히 C 청년은 부모의 남다른 관심과 애정으로, 또한 두 형의 형제애兄弟愛로 어린 시절에 동화책을 많이 읽었다고 한다. 특히 옛날이야기를 즐겨 들었는데 그중에 가장 많이 듣고 읽은 동화가 『풋배 따기 모험』이었다고 한다. 짐작컨대, 부모님이 슬하에 삼형제를 두었으니, 삼형제의 우애友愛와 효孝를 다룬 이 동화를 가장 많이 읽어 주었으리라 생각된다.

전래동화 『풋배 따기 모험』에 등장하는 인물은 막내아들과, 두 형, 병든 아버지, 머리 하얀 할머니, 푸른 갈대, 흰 새와 검은 새, 큰 뱀 등이다. 이 중에 막내아들은 주인공의 역할을, 두 형은 가짜 주인공의 역할을, 병든 아버지는 파견자의 역할을, 머리 하얀 할머니와 푸른 갈대 그리고 흰 새와 검은 새는 조력자의 역할을, 끝으로 큰 뱀은 가해자의 역할을 한다.

동화의 서두문은 전형적인 전래동화답게 '옛날에 아무개가 살았다(또는 있었다).'라는 과거시제로 시작된다. 더욱이 동화의 서두문에서 주인공과 가족관계, 환경이나 형편 등이 묘사되듯이, 이 동화에서도 어머니 부재와 병든 아버지 그리고 삼형제 등이 소개되는 것이다. 삼형제 중에서 누가 진짜 주인공이고, 누가 가짜 주인공인지는 동화 줄거리가 좀 더 진행되어야만 알 수 있게끔 출발 상황이 서술된다고 할 수 있다. 그리고 동화 제목에 명기된 풋배가 동화 시작 부분에서 언급되며, 그 풋배를 먹어야만 병이 날 수 있다는 아버지의 명령에 의해 삼형제는 풋배를 따기 위해 방랑하는 것이다.

사실 풋배는 '아직 덜 익은 배'를 말한다. 그럼에도 불구하고 그 배를 먹어야 병이 나을 거라는 아빠의 명령은 어떤 면에서는 자신의 아들들에 대한 '효 테스트'라고도 할 수 있다. 물론 이 동화에서 풋배는 동화의 전형적인 가베Gabe(하사품, 선물, 주어진 물건)로서 산 너머에 있는 연못에서만 얻을 수 있는, 향기로운 냄새가 나는 노란색의 풋배이다. 심지어 심한 병에 걸린 아버지가 풋배를 먹자 씻은 듯이 병환이 낫는 놀라운 치료제이기도 하다.

어쨌든 삼형제는 아버지의 '효 테스트'를 기꺼이 응하며, 나이순으로 맏아들부터 '풋배 따기 모험'을 시작하는 것이다. 동화의 주인공과 가짜 주인공은 그렇게 무엇인가를 찾기 위해 세상 끝까지 방랑하는 모험가이기 때문에, 이 동화 제목에 걸맞은 모험을 차례대로 감행하는 것이다.

'3'이란 숫자를 편애하는 동화의 특성에 맞게 여기서도 삼형제가 각기 한번씩, 도합 세 번의 풋배 따기 모험에 도전하는 것이다. 그 모험의 첫 번 여정을 큰형이 시작한다.

동화는 평면적인 일직선상의 공간과, 이승과 저승의 구분이 없는 일차원1D을 좋아하기 때문에, 큰형은 힘들지 않게 산을 넘어가고, 저승인물인 머리 하얀 할머니를 거리낌 없이 만난다. 심지어 태연하게 풋배가 어디 있는지를 물어본다. 또한 저승인물인 할머니도 이승인물인 큰아들에게 거리낌 없이 조언을 하고, 친절하게 길을 안내한다. 정해진 동화 줄거리의 진행에 알맞게 이러한 이승인물과 저승인물의 만남과, 풋배 따기 모험은 세 번 반복되어야 하며, 그 장면의 서술도 세 번 반복되어야 하기에, 첫 번째 풋배 따기 모험은 실패로 끝난다.

머리 하얀 할머니의 말대로 맏아들은 푸른 갈대와 검은 새를 만나 돌아갈 것을 요구당하지만 듣지 않는다. 결국 그는 가짜 주인공이기에 진짜 주인공처럼 집을 출발하여 숲을 지나 조력자 할머니의 공간중개의 도움을 받고 풋배나무가 있는 연못까지 왔지만 풋배 따기에 실패하며 뱀의 먹이가 되고 만다. 다시 말해, '돌아가라'는 푸른 갈대의 말을 듣지 않은 점, '가면 안 돼'라고 외치는 검은 새의 말을 듣지 않은 점, 그리고 마침내 큰 뱀에게 통째로 잡아먹힌 점이 큰아들이 가짜 주인공임을 증명한다. 어찌 보면, 죽음을 불사不死하고 풋배 따기 모험에 열중한 큰아들의 모습은 효의 전형이라고 말할 수 있다. 그럼에도 불구하고 풋배 따기에 실패했기 때문에, 큰형은 가짜 주인공의 역할을 수행했다고 말할 수 있다.

둘째 아들도 큰아들과 마찬가지로 똑같은 풋배 따기 모험을 하다가 큰 뱀에 잡아먹히는 가짜 주인공의 역할을 했다고 말할 수 있다.

여기서 이 이야기를 듣던 C 청년은 입가에 엷은 미소를 지으면서 자신의 두 형도 동화의 두 형제처럼 부모님께 효성이 지극하지만, 부모님은 그런 아들들 보다는 자신을 더 편애했다고 자랑스럽게 말했다. 즉, 자신이 동화의 진짜 주인공 막내와 동일시되는 기쁜 마음에 내심 은밀한 미소를 띠는 것이다.

이제 세 번째 풋배 따기 모험에 막내아들이 도전한다. 막내도 두 형들과 마찬가지로 숲속에서 하얀 머리의 할머니를 만나고, 그녀의 도움으로 길안내정보를 받는다. 이때 막내는 겸손한 인품의 소유자답게 조력자인 할머니에게 진심으로 감사하는 마음을 전한다. 아무런 감사의 말도 없거나 또는 진심에서 우러나오지 않은 감사의 말을 전하는 두 가짜 주인공에 비해 막내아들은 얼마나 겸손한 동화 인물인가? 그래서 할머니는 두 형제에게는 안 줬던 두 가지 물건, 곧 '칼과 인형'을 선사한다. 다시 말해, 막내아들의 풋배 따기 모험에서는 첫 번째와 두 번째에서는 볼 수 없었던 '칼과 인형'이 동화의 소도구이자 가베Gabe(하사품, 선물, 주어진 물건)로서 등장한다. 왜 이런 차이가 나는 걸까? 그 이유는, 이 막내아들이 동화의 진짜 주인공이기 때문에, 반드시 아버지에게 부여된 과제를 해결하고 돌아와야만 동화 줄거리가 끝나기 때문이다. 또한 하얀 머리의 할머니가 조력자로서 풋배 따기 모험에 성공할 자가 막내아들임을 미리 예견豫見했기 때문이라고 말할 수 있으며, 아울러 겸손이 대인관계의 미덕으로 강조되기 때문이다. 이런 얘기를 하자 C 군은 '하하하' 소리 내어 웃으면서, 자신이 이 동화의 주인공인 양, 으쓱해 한다. 지금까지 현실에서 효도 한 번 제대로 못해 본 '응석받이'가 동화를 통해 자신의 처지를 돌아보는 계기가 된 것이 틀림없지만, 여전히 뭔가를 느끼면서도 명확히 무엇인지 모르는 그런 상태에 놓여 있다고 말할 수 있다.

아무튼 막내아들은 칼과 인형을 허리와 어깨에 차 메고, 풋배를 따러 계속 전진한다. 이윽고 실개천에 닿았고, 거기서 또 다른 조력자 푸른 갈대가 '가도 좋다'고 말하자, 꾸벅 인사를 하는데, 고개를 숙이는 겸손함에 의해 물속에서 '빨간 나무 공기와 쟁반'을 역시 동화의 소도구이자 가베로서 얻는다. 이것들을 가지고 계속 걸어가자, 이번에는 하얀 새가 '가도 좋다'고 외치니, 만사형통萬事亨通하는 편한 모험 길이 되어, 마침내 풋배가 있는 연못에 도달하게 된다.

큰형과 둘째 형도 풋배를 따기 위해 여기까지 왔고, 마지막 단계에서 성급함에 의해 풋배 따기에 실패했지만, 막내는 기지와 재치를 발휘하여, 인형과 칼, 그리고 공기와 쟁반을 이용함으로써, 풋배 따기에 성공하는 것이다. 심지어 통째로 잡아먹힌 두 형을 뱀의 뱃속에서 구해내어 함께 귀향하니, 이 얼마나 훌륭한 형제애를 보여주는 것인가! 아울러 가지고 간 쟁반에 풋배를 담아서 삼형제가 번갈아 들고 집으로 돌아와서는, 아버지께 드리니, 그 풋배를 먹고 아버지의 병환은 씻은 듯이 낫게 되는 해피엔딩을 맛보게 되는 것이다.

이야기가 끝났을 때, C 청년은 앞에서 웃었던 모습은 사라지고 매우 진지해졌다. 사실 어렸을 때 이 동화를 듣거나 읽었을 때는, 별다른 느낌이 없었는데, 이번에는 다르다는 것이다. 무엇이 다르냐고 물으니, 그는 의외의 말을 한다. 즉, 어떤 문제가 생기면 부모님이 다 해결해 주거나, 아니면 형들이 다 해결해 줬는데, 그런 일은 당연한 것으로만 알았다는 것이다. 하지만 이 동화에서는 막내가 주인공으로서 결국 모든 문제를 해결한다는 점이 그에게는 충격, 그 자체였다는 것이다.

이제 얼마 안 있어 군에 입대하게 되는데, 그 일만이라도 내가 할 수 있는 일이라고 마음먹고, 부모님과 두 형에게 그동안의 미안한 마음을 보답하겠다는 C 군의 대답에 내심, 동화의 힘이 이렇게 큰 역할을 한다는 점에 치료사로서 자부심과 보람을 느꼈다.

4.

머리 아홉 달린 도둑

『머리 아홉 달린 도둑』

옛날 어느 마을에 머리 아홉 달린 도둑이 살고 있었다. 몸은 하나인데 머리가 아홉 개나 달렸다니 생각만 해도 끔찍하지 않은가? 그 괴물은 돈과 보물, 곡식과 짐승만 훔쳐 가는 보통의 좀도둑이 아니며, 예쁜 여자들도 잡아가는 파렴치한 도둑이다.

어느 날 머리 아홉 달린 괴물은 마을에서 가장 예쁜 아내를 잡아갔다. 그러자 남편인 젊은이가 아내를 되찾기 위해 길을 떠났다. 가는 도중에 젊은이는 낯선 할머니를 만났다. 할머니는 젊은이에게 산삼을 먹이고 큰 돌멩이를 들게 함으로써 머리 아홉 달린 도둑과 싸울 수 있는 힘을 키워 줬다. 바위를 번쩍 들어 올릴 만큼 힘이 비축되자, 할머니는 젊은이에게 보검을 주며 도둑이 살고 있는 집을 가르쳐 줬다.

그래서 젊은이는 머리 아홉 달린 괴물이 사는 곳으로 갔는데, 마침 물 길러 나온 도둑의 하녀를 보고 도와달라고 말을 걸자 하녀는 기꺼이 젊은이를 숨겨 주었다. 잘 생긴 용모에 다정한 눈빛을 가진 젊은이에게 하녀는 첫눈에 반했기 때문이다.

젊은이는 하녀에게 아내가 자신을 배반한 자초지종을 듣게 되었다. 이미 그의 아내는 머리 아홉 달린 도둑의 아내가 되어 새로운 살림살이를 즐기고 있었다. 분개한 젊은이는 괴물이 돌아오자마자 바로 보검을 휘두르면서 도둑과 싸우기 시작했다. 아이러니하게도 하녀는 젊은이가 이기길 바라고 아내는 괴물이 이기길 바랐다. 더욱이 젊은이가 보검으로 도둑의 아홉 개의 머리를 벨 때마다 그 머리가 몸에 다시 붙지 않게 하기 위해 하녀는 재를 뿌리면서 젊은이를 도왔다. 결국 치열한 싸움에서 젊은이가 이겼다.

젊은이는 자기를 배신한 아내를 죽였고, 도둑의 창고에 갇혀 있던 사람들과 짐승들을 모두 풀어 주었으며, 그곳에 있던 금은보화를 사람들에게 나눠 주었다. 젊은이는 그를 도와준 하녀와 성대한 결혼식을 거행했고, 많은 금은보화를 가지고 행복하게 살았다.

◪ D양의 사례

D양은 결혼에 실패한 20대 후반의 여성이다. 대학 때부터 사귀던 남자와 결혼을 약속하고, 그 기대에 부풀어 수년 동안 부부夫婦 같은 연인처럼 지내왔는데, 어느 날 갑자기 남자가 다른 여인이 생겼다고 헤어지자고 했다고 한다. 헤어질 준비가 전혀 안 되었는데, 남자의 이별통보에 청천벽력青天霹靂 같은 충격에 휩싸여 어찌할 바를 모르겠다고 한다. 처음에는 남자가 그러다 말겠지 하고, 담대하게 기다려도 봤지만, 시간이 지날수록 마음이 불안하고 초조해지며, 심지어 앞이 깜깜해지고 흐르는 한강물에 몸을 맡기고 싶은 충동까지 느꼈다고 한다.

동화치료

D양의 고백을 듣는 순간, 안타까운 마음이 들었으나, 치료사 자신은 감정에 휩싸여서는 안 된다는 기본 수칙을 인식하고, 냉정하고 차분하게 그녀의 이야기를 경청했다. 그 만큼 D양의 러브스토리는 감동적이었고, 극적이었으며, 그럼에도 불구하고 남자 친구가 헤어지자고 한

이유가 다른 여성 때문이라는 것에 쉽게 수긍하기가 어려웠다. 다양한 피검자를 대상으로 상담과 동화치료를 해야 하는 동화치료사는 그만큼 다양한 인생경험이나 학문적 지식을 습득해야 되는 준비과정을 거쳐야 하는 것이다.

아무튼 치료사는 스스로 '비판적 이성Kritischer Verstand'의 자아에 몰입하고, 본능적 에너지를 제어하면서 이성적 해결rationale Lösungen을 시도하려고 한다. 그래서 D 양에게 꿈 많던 어린 시절에 많이 듣고 읽었던 동화가 있는지 물었다. 그 이유는 그녀의 잠재의식에 자리 잡고 있는 동화를 일깨워내어 지금의 병든 나 또는 타인을 치료하는 힐링 또는 테라피를 하기 위해서이다.

D 양이 어린 시절에 읽은 감동적인 동화 중에 『머리 아홉 달린 도둑』이 있다고 하여, 이 전래동화를 선택하여 동화치료를 시도하기로 했다.

전래동화 『머리 아홉 달린 도둑』은 한 남자가 결혼한 아내를 머리 아홉 달린 도둑에게 납치당한 뒤에, 그녀를 되찾기 위해 지하세계까지 편력하는 감동적인 이야기이다. 대부분의 동화에서는 동화 제목에서 주인공의 이름이나 직업 등이 알려지는 반면에, 몇몇 동화에서는 동화 제목과 주인공이 전혀 일치하지 않는 경우가 종종 있는데, 이 동화에서도 제목에 명기된 '머리 아홉 달린 도둑'은 주인공이 아니라, 적수이자 가해자이자 가짜 주인공의 역할을 한다.

동화 등장인물의 상호 역할 교환이 가능하기 때문에, 이 동화의 서두문에서 마치 주인공이 소개되는 것 같지만, 실제로는 가짜 주인공이자 적수이자 가해자인 도둑이 소개된다고 말할 수 있다. '상상만 해도 굉장히 무서운 도둑'이라는 필자의 묘사대로 머리 아홉 달린 도둑은 이승의 존재가 아니라, 저승의 존재이다. 상상해 보라, 몸통은 하나인데, 머리가 아홉, 코와 입도 아홉, 심지어 눈과 귀는 열여덟 개가 달렸다니, 그 얼마나 끔찍하고 무서운 모습이겠는가? 또한 힘도 보통사람의 아홉 배가 된다고 하니, 도저히 당해 낼 수 없는 악惡의 화신이자 염라대왕閻羅大王의 분신이라고 해도 과언은 아니다. 그러니 울던 아이도 그 도둑의 '도'자字만 들어도 울음을 뚝 그치지 않겠는가?

바로 이러한 도둑의 모습은 프로이트가 말한 인간 무의식 층에 자리 잡은 '데스트루도Destrudo,(파괴욕, 파멸충동)'의 표출이라고 할 수 있다. 즉, 인간 정신의 맨 밑바닥에 깔려 있는 '이드'에 자리 잡고 있는 본능적 에너지의 의식화意識化를 의미한다. 다시 말해, 실제로 현실에서 머리가 아홉 개나 달린 인간을 볼 수는 없지만, 인간의 파괴적 욕망을 표현할 수 있는 상상력 속에서는 그러한 존재를 충분히 만들어 낼 수 있다는 것이다. 그렇기 때문에 인간의 '상상력의 유희遊戱'인 동화에서는 얼마든지 그러한 존재가 실재의 인물인 양 등장할 수 있다는 말이다.

아무튼 그러한 무시무시한 도둑에 의해 색시가 납치된다. 그녀가 마을에서 가장 아름다운 여인이었기 때문에 머리 아홉 달린 도둑은 결혼한 여자를 자기 집으로 데려가는 것이다.

가장 아름다운 여인을 호강시키려고 납치한 머리 아홉 달린 도둑. 이것은 바로 '이드'의 또 다른 에너지 '리비도Libido(본능적 에너지, 성욕, 성충동)'의 표출이며, 쾌락적 성충동Sexualtrieb(성욕)에 사로잡힌 뭇남성의 모습이라고 할 수 있다. 쉽게 말해, 가장 아름다운 여인을 우물가에서 보고 '성충동'에 사로잡혀 자기 집으로 데리고 가서 줄곧 곁에 두고 즐기려는 속셈을 드러내는 것이 아니고 무엇이겠는가? 이 동화 끝에서 알 수 있듯이, 도둑은 예쁜 색시만을 부인으로 맞이하여 데리고 살지, 자신의 하녀를 범하진 않은 것을 알 수 있지 않은가?

더욱이 '한 걸음에 오리씩' 갈 수 있는 도둑의 모습은, 일반적으로 동화에 등장하는 가베Gabe(하사품, 선물, 주어진 물건)에 해당하는 '한 걸음에 오리씩' 갈 수 있는 신발을 신은 것이라고 해석할 수도 있다. 물론 여기서는 보통 신발을 신었는데, 도둑이 거인인 데다가, 장정壯丁 아홉 배가 되는 힘을 소유했기에 그렇게 묘사했을 수도 있지만, 동화적인 모습에서는 그러한 신발을 신고 있어서 그러한 걸음걸이를 할 수 있다는 것이 더 바람직한 표현이라고 말할 수 있다.

이제 색시를 잃어버린 동화 주인공인 남편은 그녀를 찾기 위해 먼 길을 떠난다.

동화의 주인공은 무엇인가를 찾거나 발견하기 위해 세상 끝까지 편력해야 하는 방랑자이기 때문에, 젊은이는 아내와 여종을 찾기 위해 막연히 길을 떠나는 것이다. 가는 도중에 주인공은 '낯선 노파'를 만난다. 이 노파는 저승인물로서 주인공을 도와주는 조력자 역할을 하며, 그에게 괴물 도둑이 사는 곳도 가르쳐 주는 공간중개와, 산삼인무를 열 개나 먹게 하여 힘을 키우게 하며, 보검을 줌으로써 마법도구를 수여하는 줄거리 성취를 위해 결정적인 역할을 한다.

바로 이 노파는 프로이트가 말하는 '슈퍼에고'로서 '에스의 적수(상대방)Gegenpart zum Es'이며, 이드의 쾌락적 충동과 에고의 이성적 행동을 감시하는 도덕률을 의미한다. 다시 말해, 노파는 젊은이의 전의식과 무의식에 자리 잡은 '초자아'의 도덕적 에너지로서, 잃어버린 아내와 여종을 찾아야만 하는 양심적 요구이자 명령을 상징하는 것이다.

더욱이 도둑이 살고 있는 집은 이미 이 세상에 존재하는 장소가 아니라, 저 세상에 해당하는 굴속에 존재하는 집이다. 사실 '굴' 이나 '샘' 등은 무의식으로 들어가는 입구를 상징한다. 그렇게 이 동화에서도 굴속의 세상을 꿈에서나 볼 수 있는 나라로 묘사한다.

'마치 꿈나라' 같은 지하세계가 인간의 무의식 세계로서, 현실에서 인간의 감각기관으로 인식할 수 없는 마음 깊은 곳에 감추어져 있는 잠재된 정신세계, 곧 꿈의 세계를 의미한다. 다시 말해, 도둑이 사는 집은 현실에서는 인식하지 못한 채 꿈속에서 경험할 수 있는 무의식 세계를 말한다. 그래서 젊은이가 본 굴속 도둑의 기와집은 자신이 꿈속에서 본 그 집과 동일시되는 것이다.

그곳에서 젊은이는 우선 도둑의 하녀를 만난다. 잘 생긴 외모에 친절한 눈빛으로 다정하게 말을 거는 젊은이에게 첫눈에 반한 하녀는 아내의 안부와, 도둑의 위치를 가르쳐준다. 하녀는 도둑이 출타했다는 점과, 아내가 안방마님이 되어 있다는 것을 알려 주면서 젊은이보다 서둘러 색시의 방으로 간다. 그녀에게 서방님의 도착을 알리기 위해서이다.

매우 친절하게 맞이하는 도둑의 하녀와는 다르게, 젊은이가 그토록 찾았던 아내는 정색을 하며, 오히려 남편이 죽으러 왔으니 재수가 좋다고 말하는 등, 이미 젊은이가 그리던 아내의 모습이 아니다. 더욱이 "난 도둑의 아내야!"라고 외치는 그녀의 모습은 극단적인 모습이며, 젊은이의 풀을 죽이는 실망스런 모습이다. 즉, 동화의 전반부에 등장하는 색시의 모습이 동화말미에 반전되어 묘사되며, 동화를 다시 읽는 D 양에게도 많은 충격을 주는 장면이라고 말할 수 있다. 즉 결혼한 부부도 어느 한 사람이 다른 이와 눈이 맞아 바람을 피우면 딴 살림을 차릴 수 있다는 사실을 동화를 통해 깨닫는 것이다.

'오히려 남편이 죽으러 왔다고 좋아'하는 색시의 모습은 이미 동화 주인공이 찾으려는 고귀한 아내의 모습은 아니다. 생각건대, 도둑에게 잡혀 온 후, 고래 등 같은 도둑의 집에서 호위호식하면서 살아가니, 이승에서 결혼한 서방이 이 행복한 신혼생활에 방해가 되었으며, 그가 죽었으면 좋겠다는 것이 아니겠는가? 또한 동화 줄거리에서 미미한 존재로만 여겨졌던 도둑의 하녀가 오히려 색시를 뛰어넘어 여주인공의 역할을 하는 놀라운 반전으로 대미를 장식하려는 결말이 선취되는 것이다.

결국 변심한 아내에 대한 젊은이의 분노가 사랑했던 아내에 대한 포기를 의미하며, 오히려 도둑의 하녀이면서도 자신에게 친절하게 대하고 목숨을 다해 도와준 하녀에게 마음이 향하는 결정적인 계기가 된다. 그래서 젊은이는 색시가 아닌 하녀를 선택하여, 집으로 돌아온 도둑을 물리치고, 아내마저 죽이는 결단을 내린다.

치열한 싸움에서 도둑의 아홉 개의 목이 바닥에 뒹굴 때마다, 하녀는 조력자로서 주인공을 도와 그 머리에 재를 뿌렸다. 괴물인 도둑의 머리가 다시 몸에 붙지 않기 위해서이다. 더욱이 살려 달라고 애원하는 색시를 죽일 수밖에 없는 젊은이의 결단이 결국 아내를 버리고 하녀를 선택하는 반전의 해피엔딩을 가져오는 것이다. 특히 "당신은 착한 마음씨를 가진 내 은인이오."라는 젊은이의 고백이 하녀를 여주인공의 위치에 올리게 하며, 도둑의 창고에서 얻은 금은보화에 의해 그 둘 사이의 새로운 신혼생활은 지극히 행복한 결말로 이어지는 것이다.

전래동화 『머리 아홉 달린 도둑』의 반전결말이 끝났을 때, D 양은 하염없는 눈물을 흘렸다. 그 이유를 묻자, 그녀는 사랑해서 결혼한 사람들도 한순간에 다른 사람을 선택할 수 있다는 점에 많은 것을 느꼈으며, 결국 나를 버리고 다른 여인을 선택한 그 남자를 이해하는 계기가 되었다는 것이다. 아울러 변함없이 한 자리를 지킨 하녀의 캐릭터에서 자신의 분신을 엿보았고, 결국 미래의 희망적 메시지를 발견할 수 있었다고 한다. 그렇게 동화를 통한 심리치료는 죽음의 어두운 굴속에서 D양을 구해 내어 새로운 삶에 대한 기대와 의욕을 갖게 하는 청량제清涼劑가 된 것이다.

5.

세 공주와 젊은 무사

『세 공주와 젊은 무사』

옛날 땅속나라에 아귀餓鬼라는 도적이 살고 있었다. 그 도둑은 자신이 기르던 독수리를 지상나라로 보내어 왕의 세 공주를 잡아오게 했다. 그 광경을 유일하게 목격한 한 젊은 무사가 공주들을 구해 오겠다고 자진해서 나섰다. 용감한 젊은 무사는 산속에서 무술을 연마하는 중에 독수리가 세 공주를 납치해 간 광경을 본 것이다.

왕은 젊은 무사에게 세 공주를 구해 오면 가장 아름다운 막내 공주와 결혼시키겠다고 약속했다. 용감한 무사는 몇 명의 부하들을 데리고 땅속나라로 들어가는 입구를 찾았으나 찾을 수가 없었다. 한참 동안 헤맨 뒤라 피곤하여 잠시 눈을 붙인 사이에 꿈속에서 산신령이 나타나 땅속나라로 들어가는 입구를 가르쳐 주었다. 그 입구는 큰 돌덩어리로 덮여 있었다. 젊은 무사는 젖 먹던 힘까지 다해 그 돌덩어리를 간신히 밀어내고는 부하들을 지상에 남겨 둔 채 광주리를 타고 땅속나라로 들어갔다.

땅속나라도 지상나라와 다르지 않았다. 우물가에 있는 버드나무 위에 올라가 사방을 살피고 있던 젊은 무사에게 세 공주 중 막내 공주가 물을 길러 나왔다. 세 번에 걸쳐 버들잎을 물 항아리에 빠뜨리자 비로소 막내 공주가 나무 위를 쳐다봤고 용감한 무사를 발견할 수 있었다.

때마침 아귀가 출타 중이었기 때문에, 무사는 막내 공주에 이끌리어 도둑의 집으로 들어갈 수 있었다. 젊은 무사는 세 공주와 의논하여 아귀를 죽이고 그곳을 탈출할 방법에 대한 계략을 세웠다. 그래서 집으로 돌아온 아귀에게 세 공주는 독주를 권하여 잠들게 했고, 그의 힘의 원천이 되는 양 옆구리의 비늘 두 개를 제거했을 때, 용감한 무사가 들어와서 그의 목을 댕강 잘랐다. 그 순간 목이 다시 몸에 붙지 않게 하기 위해 막내 공주는 치마폭에 담고 있던 재를 뿌렸다. 드디어 아귀가 죽었다.

젊은 무사와 세 공주는 도둑의 광에 있던 금은보화를 가지고는 광주리가 놓여 있는 지상나라로 가는 입구로 갔다. 용감한 무사는 먼저 세 공주를 차례대로 광주리에 태워 지상나라로 올려 보냈고, 본인이 마지막으로 올라가려는데 광주리가 내려오지 않았다. 부하들이 공을 시샘하여 세 공주를 자기들이 구한 것처럼 하려고 무사를 그대로 땅속나라에 둔 것이다. 이에 당황한 젊은 무사에게 갑자기 꿈에서 본 산신령이 나타났고, 그를 백마에 태워서 무사히 지상나라에 도착하게 했다.

앞서 궁궐에 도착한 세 공주와 부하들은 왕이 베푼 잔치에 참여하여 흥청망청 즐기고 있었다. 부하들이 공주를 데리고 왕 앞에 나아가 자기들이 구한 것처럼 거짓말을 하여 큰 잔치가 베풀어지고 있었던 것이다. 공주들도 자신들이 살아오게 된 기쁨 때문에 용감한 무사에 관한 일을 잠시나마 잊고 있었다. 잔치가 무르익었을 때 젊은 무사가 나타나 자초지종을 고하니, 왕은 크게 노하여 부하들을 그 자리에서 죽였고, 용감한 무사를 막내딸과 결혼시켰다.

전래동화 『세 공주와 젊은 무사』는 잘 알려진 이야기가 아닌 것 같지만, 동화적 특성이 뛰어난 작품일 뿐만 아니라, 동화치료에도 적합한 좋은 이야기이다. 이미 제목에서 동화 주인공이 언급되듯이 이 동화의 주인공은 용감한 젊은이이다. 작품 속에서는 '젊은 무사'로 명명되고 있으며, 여주인공은 제목에서 얘기한 세 공주, 모두라기보다는 역시 막내 공주가 여주인공의 역할을 한다고 말할 수 있다. 우선 동화의 서두문에서 세 공주가 '선녀처럼 예쁘고 아름다운' 공주라고 소개된다. 극단적인 표현을 좋아하는 동화의 특징이 나타나는 것이며, 보다 세부적으로 '살갗, 눈, 코, 귀, 입' 등의 아름다움을 나열하고, 고운 마음씨와 덕을 갖춘 얌전하고 우애가 좋은 세 공주에 대한 묘사가 거의 완벽한 여성의 아름다움을 서술한 것이라고 말할 수 있다. 이 세 공주 중에서도 가장 아름다운 막내 공주에 대한 묘사가 정점을 이룬다.

즉, 멋진 신체부위보다도 더욱 구체적으로 미적 아름다움을 나열한 세밀한 묘사가 마치 이런 여자가 이 세상에 존재할까? 하는 의구심마저 들게 한다. 이것은 곧 개인에게 잠재된 무의식적인 인격묘사로서, 남자에게 존재하는 여성적 무의식적 인격체인 아니마Anima(남성의 마음속에 있는 여성상)의 표현이라고 말할 수 있다. 다시 말해, 뭇 남성들이 꿈꾸던 자신의 이상형理想型으로서 가장 완벽한 아니마를 막내 공주에서 찾으려는 시도라고 할 수 있다.

어느 날 밤에 세 공주가 달빛에 취해 산책을 하고 있을 때, 큰 독수리가 세 공주를 낚아채어 달아나는 사건이 발생한다.

독수리가 세 공주를 낚아채어 날아가 버린 일은 인간 정신의 '무의식적 욕망'의 표출이며, 그 행위를 지시한 자가 뒤에서 등장할 땅속나라 도둑의 두목인 아귀이다. 아귀의 사전적 의미가 '염치없이 먹을 것을 탐하는 사람 또는 매우 탐욕스러운 사람'이기에 땅속나라에 살면서도 도둑은 지상나라의 세 공주를 납치하는 것이다.

그런데 놀라운 것은 독수리가 세 공주를 납치해 날아가는 것을 아무도 보지 못하지만, 오직 한 사람, 동화 주인공인 젊은 무사만이 본다는 점이다. 동화의 정해진 줄거리의 성취를 위해, 곧 막내 공주와 젊은 무사의 만남과 사랑을 위해, 그리고 두 남녀 주인공의 행복한 결혼을 통한 해피엔딩을 위해 그 젊은이만이 그 장면을 목격하고 독수리를 쫓아가게 되는 것이다. 그리고는 독수리가 사라져 버린 땅속나라로 들어가는 입구를 발견하고는 집으로 돌아간다.

땅속나라는 하늘나라 혹은 용궁처럼 저승세계이며, 인간 정신마음, 심리의 무의식 층에 자리 잡은 상상의 공간이다. 일반적으로 하늘과 바다와 땅을 삼차원3D이라고 한다면, 동화에서는 이러한 삼차원이 일차원으로 통일되어, 마치 하나의 공간처럼 자유롭게 왕래하는 것이다. 그래서 그 땅속나라에서 살고 있는 무서운 도둑은 '자아나, ego'가 아직 모르는 정신마음, 심리세계인 무의식 세계에 머무는 자로서, 정신적 통합을 꾀하는 미지未知의 정신마음, 심리의 표상表象이라고 말할 수 있다.

다시 말해, 의식 세계에 살고 있는 젊은 무사가 무의식 세계에 살고 있는 도둑을 물리치고 세 공주를 구해 온다는 것은 곧 의식과 무의식의 정신적 통합을 의미하며, 대극합일對極合一의 극치極致를 이루는 조화調和라고 말할 수 있다.

마침내 젊은 무사는 임금을 배알拜謁하고, 세 공주를 구하기 위해 땅속나라로 출발한다. 이미 땅속나라로 들어가는 입구를 알고 있으리라고 생각했던 용감한 무사가 그 입구를 좀처럼 찾아내지 못한다. 오히려 잠시 눈을 붙인 사이에 꿈에서 나타난 산신령의 도움을 받아 그 입구를 발견하게 된다. 이 산신령은 무의식의 상징으로서 절박한 젊은 무사에게 나타난 조력자이다.

이제 부하들이 내려준 광주리를 타고 땅속나라에 도착한 무사는 그곳에서 막내 공주를 만나 도둑의 두목에 대한 정보와, 그와 견줄 만한 힘을 키우는 도움을 받게 된다.

전래동화 『머리 아홉 달린 도둑』에서처럼 '산삼'을 먹어 강한 힘을 소유하게 된 젊은이는 도둑질하고 돌아와서는 잔치를 벌여 세 공주가 마시게 한 독주에 곯아떨어진 도둑의 두목을 쉽게 제압한다. 물론 그 젊은 무사 곁에서 막내 공주가 훌륭한 조력자로서 적수를 물리치는 데 일조一助를 한다.

전래동화 『머리 아홉 달린 도둑』에서처럼 괴물 도둑의 모습은 이미 이 세상 사람의 모습이 아니라 저승의 존재임을 쉽게 알 수 있으며, 한 번 잘린 목이 다시 몸통에 붙는다는 기괴한 발상으로 그러한 존재를 서술한 점과, 재를 뿌리면 잘린 목이 다시 붙을 수 없다는 관습적인 행위가 선조들의 지혜이자, 집단적 무의식에서 나온 원형으로서 전래동화에 기록된 것이라고 말할 수 있다. 즉, 태곳적부터 인간에게 부여된 근원적인 행동 유형을 위한 선험적 조건으로서, 재를 뿌리는 행위는 무한한 반복을 통해 경험 속에서 새겨진 무의식적 실체인 것이다.

이제 용감한 무사는 먼저 세 공주를 차례대로 광주리에 태워 지상나라로 올려 보냈고, 본인이 마지막으로 올라가려는데 광주리가 내려오지 않았다. 이것은 부하들이 공을 시샘하여 세 공주를 자기들이 구한 것처럼 하려고 벌인 또 하나의 적수이자 가해자의 행위이다. 그러나 동화 주인공을 땅속나라에 두고서 동화 줄거리를 끝낼 수는 없지 않은가? 그래서 젊은 무사에게 꿈에서 나타났던 산신령이 다시 나타났고, 그를 백마에 태워 지상나라에 도착하게 만든다. 다시 한 번 산신령이 주인공의 무의식의 상징으로 나타나며 조력자로서 멋진 역할을 한 것이다.

앞서 궁궐에 도착한 부하들은 세 공주를 데리고 왕 앞에 나아가 자기들이 구한 것처럼 거짓말을 한다. 남의 공을 가로채서 공주와 결혼하려는 수작이지만, 누구나에게 존재할 수 있는 무의식적 리비도의 발산이라고 말할 수 있다. 공주들도 자신들이 살아오게 된 기쁨 때문에 잠시나마 용감한 무사에 관한 일을 잊고 있었지만, 그를 완전히 잊은 것은 아니다. 아마도 세 공주가 지상나라로 올라올 때, 자신들 뒤에서 무사가 따라오리라 생각했는지도 모른다. 그래서 잔치가 무르익었을 때 젊은 무사가 나타나 자초지종을 고하자, 세 공주는 희색이 만연했고, 왕은 크게 노하여 부하들을 그 자리에서 죽였으며, 용감한 무사를 막내딸과 결혼시킨다.

전형적인 남녀주인공의 결혼으로 동화의 종결문을 마무리함으로써, 이 동화는 행복동화로서 읽는 독자에게 마음의 기쁨과 평안을 준다. 이 선남선녀善男善女의 결혼이 곧 아니마와 아니무스의 결합을 의미하며, 전일全一의 상징으로서 대극합일의 기쁨으로 승화昇華되는 것을 의미한다. 더욱이 주인공을 배신한 부하들의 죄를 물음으로써 권선징악의 도덕적 교훈마저 잘 드러난 작품이라고 하겠다.

비록 이 동화를 가지고 직접 피검자를 치료하지는 않았지만, 청춘남녀青春男女의 젊은이들에게 아름다움의 전형으로서 아니마와, 용감무쌍한 존재의 상징으로서 아니무스의 결합을 통해 마음정신, 심리의 정화와 치유를 가져오는 귀한 작품이라는 점을 부인否認할 수는 없다.

6.

견우와 직녀

『견우와 직녀』

옛날 하늘나라에 직녀라는 베를 잘 짜는 공주가 살고 있었다. 직녀는 하늘나라를 다스리는 옥황상제의 외동딸인데, 혼기가 차자 목동인 견우와 결혼시켰다. 견우와 직녀는 천생연분인 양, 늘 붙어 다녔고, 일을 하기보다는 놀러 다니기를 더 좋아했다. 그렇게 본인들의 의무, 곧 베 짜는 일과 소를 치는 일을 게을리 하여 그들은 옥황상제의 노여움을 샀다.

옥황상제는 그 벌로 견우와 직녀를 동쪽나라와 서쪽나라에서 떨어져 살게 했고 일 년에 한 번씩만 만날 수 있게 했다. 눈물로 세월을 보냈던 두 사람은 일 년이 지나자 꿈에도 그리던 만남을 위해 다가갔지만, 은하수가 그들을 가로막아 만날 수 없게 되었다.

은하수의 폭이 너무 넓어서 견우와 직녀는 서로 손을 잡을 수도, 서로 대화할 수도 없었고, 단지 서로의 얼굴만을 먼발치에서 보면서 눈물만 흘렸다. 그 흘린 눈물로 인해 지상에서는 큰 비가 내렸고, 홍수피해를 보게 되었는데, 그 해결책을 위해 까마귀와 까치들이 견우와 직녀가 만나는 칠석날에 은하수로 날아올라가서 머리를 맞대어 다리를 놓아주었다. 그 다리를 까마귀와 까치가 이었다고 해서 '오작교烏鵲橋'라 명했고, 견우와 직녀가 다리 위에서 만나서 기쁨의 눈물을 흘려서 오는 비를 '칠석우七夕雨'라고 불렀다.

전래동화 『견우와 직녀』는 설화를 동화화한 대표적인 작품 중의 하나이다. 음력 7월 7일을 칠월칠석七月七夕이라고 하는데, 이때가 되면 견우성과 직녀성이 가까워지는 자연현상이 나타나게 되며, 이것을 관찰한 선조들이 견우와 직녀가 1년에 한 번 만나게 된다는 설화로 이야기를 만든 것이다. 기록에 의하면, 409년에 축조된 평양 덕흥리德興里의 고구려 고분벽화에 그림이 각인되어 있는데, 은하수를 가운데 두고 앞에는 견우가, 뒤에는 직녀가 그려져 있다고 한다. 이러한 설화를 바탕으로 전래동화로 구전되어온 『견우와 직녀』의 버전도 다양하게 있지만, 가장 단순한 줄거리로 정리된 동화를 선택하여 동화치료를 시도하려고 한다.

전래동화 『견우와 직녀』는 무엇보다도 융이 말하는 무의식 세계의 내적 인격內的人格인 아니마Anima(남성의 마음속에 있는 여성상)와 아니무스Animus(여성의 마음속에 있는 남성상)의 문제를 적나라하게 보여주는 청춘남녀의 이야기이다. 즉, 견우牽牛가 직녀의 아니무스의 전형이라면, 직녀織女는 견우의 아니마의 상징이다.

견우와 직녀가 소개되는 동화 서두문에서 알 수 있듯이, 직녀는 하늘나라 옥황상제玉皇上帝의 딸이자, '베를 짜는' 공주인 반면에, 견우는

'소를 모는' 목동이다. 그러니 이 두 사람의 결혼은 공주와 목동의 결합, 곧 위의 것과 아래 것의 결합을 의미한다. 이렇게 동화에서는 극단적인 대조를 좋아하기 때문에, 고귀한 자와 천박한 자, 잘생긴 자와 못생긴 자, 가난한 자와 부유한 자의 결합이 전혀 어색하지 않다.

특히 견우와 직녀의 결혼은 연애결혼이 아니라, 중매결혼임에도 불구하고, 첫 만남부터 서로에게 반한, 즉 남자의 아니마와 여자의 아니무스가 일치하는 사람을 만난 것이라고 말할 수 있다. 사실 현실에서 그렇게 서로의 아니마와 아니무스가 일치하는 사람을 만나기는 매우 어려운 일이며, 동화라는 이야기속의 일이라고 간주看做할 수도 있다.

하지만 동화 주인공 견우와 직녀는 처녀총각을 대표하는 선남선녀의 표상이기 때문에, 서로의 이상형을 만난 환상적인 커플이라고 할 수 있다. 그래서 그 부부는 일을 하기 보다는 그저 둘이 붙어 다니는 시간을 더 좋아한다. 베를 짜거나 소를 치면서 부부의 사랑을 일과 함께 공유했다면, 이별의 슬픔이 없었을 텐데, 옥황상제는 결국 이 두 사람을 강제로 동쪽나라와 서쪽나라로 헤어지게 한다.

실제로 '잉꼬부부'라는 커플은 아니마와 아니무스에 합치되는 이성끼리 만나게 된 경우를 말하는데, 상대방에 대한 배려나 함께하는 시간은 너무 좋으나, 자기 자신에 대한 배려가 소홀해지고, 자기 자신으로부터 멀어질 수 있는 단점이 있는 것이다. 그래서 견우와 직녀도 세상적世上的 관점으로 보면, 팔에 소름이 돋을 정도로 다정다감多情多感한 이상적인 커플이나, 자신이 해야 할 본분을 망각하는 아쉬움이 남는 부부라고 할 수 있다.

어쨌든 임금의 명령에 의해 견우와 직녀는 동쪽나라와 서쪽나라로 헤어지게 되고, 서로가 만날 수 있는 시간도 일 년에 한 번, 그것도

'은하수銀河水'를 사이에 두고, 강가에 서서 바라볼 수만 있게 된 것이다. 그러니 견우와 직녀는 서로 손을 잡을 수도, 서로 대화할 수도 없었고, 단지 서로의 얼굴만을 먼발치에서 보면서 눈물만 흘렸는데, 그 흘린 눈물로 인해 지상에서는 큰 비가 내렸고, 홍수피해를 보게 되었고 한다.

견우와 직녀가 만나는 음력 7월 7일을 '칠석'이라고 부른다. 이상하게도 해마다 이날이 되면 이 땅 위에 비가 내린다고 하니, 『견우와 직녀』는 신비롭게도 미래를 예견한 전래동화라고 할 수 있다. 특히 동화 줄거리처럼 많은 비가 내려서 세상 사람들과 동물들이 어려움을 겪게 되는 일은 슬픈 일이 아니겠는가? 가뜩이나 사랑하는 잉꼬부부 견우와 직녀가 서로를 지척에 두고 대화도 하지 못한 채, 눈물로서 서로의 그리움을 표현하는 모습이 너무나 애처롭고 안타까운데, 그들이 흘린 눈물 때문에 이 세상에 홍수가 난다면, 어찌 그들의 사랑을 좋게만 여길 수 있겠는가? 그래서 땅 위에 사는 날짐승들이 한자리에 모여 대책을 논의하고, 마침내 까치와 까마귀들이 은하수에 다리를 놓기를 결정한다. 그래서 까마귀와 까치들이 견우와 직녀가 만나는 칠석날에 은하수로 날아올라가서 머리를 맞대어 다리를 놓아주었고 땅 위에서는 홍수피해를 겪지 않아도 되었다.

참으로 놀랍고 신비로운 이야기가 아닌가? 인간의 상상력과 꿈속에서나 볼 수 있을 듯한 장면이 동화 속에서 펼쳐지니, 동화는 '상상력의 유희'라는 괴테의 주장과, '고향세계에 대한 꿈'이라는 노발리스의 주장이 새삼 눈앞에 클로즈업 되며, 그들의 혜안慧眼에 경의敬意를 표하고 싶은 생각이 든다.

까치와 까마귀가 은하수에 모여서 자기들의 몸을 잇대어 만든다는 다리, 오작교烏鵲橋. 예부터 동양에서는 까치를 길조吉鳥로 여기고 있는 반면에, 서양에서는 까마귀를 길조로 쳤다. 그러니 까치와 까마귀의 공동작업共同作業에 의한 오작교는 바로 동서양의 만남을 의미하며, 견우가 머물던 동쪽 나라와, 직녀가 머물고 있는 서쪽 나라의 통일을 상징하는 것이다. 이것은 곧, 남녀의 합일, 음양의 조화, 완전한 엑스타제Ekstase(황홀)를 암시하는 것이다.

누군가 첫눈에 반한 연인戀人을 만나고 싶다면, 혹 천생연분天生緣分을 만났다고 생각한다면, 또는 잉꼬부부로 살고 있다고 자부한다면, 견우와 직녀처럼 서로의 아니마와 아니무스의 대극합일은 이뤄서 행복할지 모르지만, 자신의 일을 꼭 병행竝行하면서 그 사랑을 오래오래 이어나가길 바란다. 전래동화 『견우와 직녀』는 바로 청춘남녀의 사랑의 모델로서 현실에서 사랑의 병에 걸려 비틀거리는 뭇 연인들에게 훌륭한 치료제 역할을 하는 것이다.

혹시 주말부부이신가요? 혹은 한 달에 한 번 만나는 사이인가요? 혹은 분기별로 한 번씩 만나는 연인인가요? 또는 6개월에 한 번 만나는 사이? 후후후. 아무 걱정 마세요. 견우와 직녀는 일 년에 한 번 만나는데도 그 사랑이 변하지 않고, 오히려 오랜만에 만났기에 그 시간이 더욱 뜨거운 사랑을 나누는 기회가 된다는 사실을요!

7.

슬기로운 판서의 손자

『슬기로운 판서의 손자』

옛날 한양에 판서라는 벼슬을 가진 큰 부자가 살고 있었다. 그는 판서라는 높은 벼슬에 올랐을 뿐만 아니라 살림살이도 아무 부족한 것이 없는 커다란 부자였으니 얼마나 좋았겠는가? 부와 명예를 다 가진 판서가 잘된 이유를 사람들은 그의 선친의 묘 때문이라고 했다. 옛날에는 풍수지리설을 중요하게 생각했기 때문에, 그가 선친의 묘를 소위 명당이란 곳에 썼다는 것이다.

그러던 어느 날, 임금 바로 아래 벼슬인 정승이 판서에게 선친의 묘를 옮기라고 요구했다. 그 이유는 정승 부친의 묘가 판서 아버지의 묘 옆에 있는데, 그 기운에 눌려 정승의 집안이 더 훌륭해지지 않고 벼슬도 더 오르지 않는다는 것이다. 심지어 판서의 선친 묘 때문에 정승 집안이 망해가고 있으니 빨리 묘를 옮기라고 했다.

판서는 자기보다 벼슬이 높은 정승의 말을 어기기도 힘들고 옮기기도 힘들어 고민하고 있었고, 끝내 병석에 누웠다. 그때 판서의 슬기로운 손자가 병문안을 와서 무엇 때문에 식음을 전폐하고 누워 계시냐고 물었다. 판서는 어린 손자가 기특하긴 했지만, 아이는 몰라도 되니 걱정 말라고 했다. 그런데도 손자는 끝까지 고집을 부리면서 그 이유를 알려 달라고 집요하게 매달렸다. 하는 수 없이 판서는 슬기로운 손자에게 정승이 요구한 내용을 이야기해 주었다. 판서 할아버지에게 이야기를 들은 손자는 잠시 동안 골똘히 생각하다가는, 정승이라는 벼슬이 얼마나 높은 벼슬이냐고 물었다. 판서는 임금 바로 아래 벼슬이 정승이니, 임금 빼고는 가장 높은 벼슬이라고 가르쳐 줬고, 그렇게 높은 벼슬이라 판서인 할아비도 꼼짝 못하는 가라고 말했다. 손자는 알겠다고 말한 후, 뒤도 안 돌아보고 뛰쳐나갔다.

판서의 손자는 그길로 정승의 집으로 달려갔다. 정승을 만난 슬기로운 판서의 손자는 정승에게 우리 판서 집안도 증조할아버지 묘의 기운으로 먹고살아야 하기 때문에 묏자리를 옮길 수 없다고 했다. 그러자 정승은 어린아이의 말에 어안이 벙벙했지만, 곧 화를 내면서 자기가 임금 바로 아래 벼슬인 정승인데 자기 말을 거역하면 판서 벼슬을 낮춰 버리겠다고 소리쳤다. 슬기로운 판서의 손자는 정승에게 임금 바로 밑에 있는 정승이 더 높은 벼슬을 원하고 있다는 상소를 임금께 올리겠다고 말했다. 정승보다 높은 벼슬은 오직 임금밖에 없으니, 정승이 더 높은 벼슬을 원하는 것은 곧 반역을 뜻하기 때문에, 정승은 얼굴이 백지장처럼 하얗게 변하더니 지금까지 있었던 얘기는 없었던 일로 치자며 슬기로운 판서의 손자에게 빌었다.

집으로 돌아온 슬기로운 판서의 손자에게서 자초지종을 전해들은 판서 할아버지는 병석에서 벌떡 일어나 손자의 손을 잡고 기뻐했으며, 이후 묏자리에 대한 근심 없이 행복하게 살았다.

전래동화 『슬기로운 판서의 손자』는 무엇보다도 '조상 묏자리'에 대한 콤플렉스가 잘 드러난 작품이다.

콤플렉스란 인간의 사고의 흐름을 훼방하고, 당황하게 하거나, 화를 내게 하거나, 또는 가슴이 찔리거나, 목이 메게 하는 마음속의 강박관념을 말한다.

전래동화 『슬기로운 판서의 손자』의 제목에서 알 수 있듯이, 이 동화의 핵심등장인물은 정승과 판서, 그리고 판서의 손자 등이다. 동화의 서두문에서 큰 부자인은 판서가 소개된다. 곧 판서라는 높은 벼슬에 오른 것도 그리고 부자로 잘살게 된 것도 오직 선친의 묘를 좋은 자리에다 썼기 때문이라고 하니, 조상의 묏자리 덕으로 오늘의 판서와 큰 부자가 되었다는 뜻이다. 심지어 산수山水의 지형이나 방위를 인간의 길흉화복吉凶禍福과 관련시켜 죽은 사람을 매장埋葬하거나 집을 짓는 데 적당한 장소를 찾는다는 '풍수지리설風水地理說'이 믿음이 된 그 시대에는 대부분의 사람들에게 조상의 묏자리가 마음속의 강박관념으로 자리 잡고 있었다고 할 수 있다. 물론 오늘날도 이런 현상이 없는 것은 아니다. 하지만 풍수지리설을 믿는 자가 어리석은 자로 인식되는 요즘보다는, 그 시대에 풍수지리설이 믿음으로 만연蔓延되었음을 동화를 통해 알 수 있는 것이다.

반론反論도 있다. 소위 재벌財閥이나 권력가權力家들은 여전히 오늘날에도 풍수지리風水地理에 따라 묏자리를 쓰고, 집을 짓거나 구입하는 데 적용適用하니 말이다. 더 나아가 보통사람들도 종교를 믿든 안 믿든 간에 자신이 잘 되면 '자기 덕', 반대로 자신이 잘 안 되면 '조상 탓'이라고 습관적으로 말하니 말이다. 그러고 보니 조상의 묏자리에 대한 콤플렉스는 과거나 현재나 인간의 집단적 무의식에 자리 잡은 '원형'의 하나임이 틀림없다고 하겠다. 왜냐하면, 집단적 무의식이 모든 사람이 전통적인 방식으로 공유하는 인습적인 관념 또는 행위를 의미하기 때문이다.

동화 속에서 이러한 조상의 묏자리에 대한 콤플렉스는 판서뿐만 아니라 정승에게도 나타나는데, 판서와 그의 손자가 주고받는 대화에서 조상의 묏자리에 대한 콤플렉스가 무엇인지 확연하게 드러난다. 즉, 정승도 부친의 묏자리 때문에 임금 바로 아래 벼슬인 현재 위치까지 올라갔고, 판서의 선친의 묘가 자기 부친의 묏자리 옆에 있어서 그 기운을 막아 더 높은 벼슬로 올라가지 못하고 있다고 믿고 있기 때문이다.

다시 말해, 판서보다 벼슬이 높은 정승이 자기 집안 망한다고 증조부의 묘를 다른 곳으로 옮기라는 판서가 손자에게 전하는 말에서 정승이나 판서나, 소위 '고관대작高官大爵'의 세도가勢道家들이 조상의 묏자리를 무기로 대대손손 명문가名文家를 유지하려는 욕심이 콤플렉스화되어 사고의 흐름을 훼방하고, 당황하게 하거나, 화를 내게 하거나, 또는 가슴이 찔리거나, 목이 메게 하거나, 앓아눕는 마음속의 강박관념으로 자리 잡은 것이라고 할 수 있다.

개인의 노력과 능력으로 출세出世와 부富를 성취하는 자아自我에 충실한 대부분의 사람들에게 조상의 묏자리를 핑계로 소위 '묏자리 싸움'을 하는 정승과 판서의 모습은 독자讀者의 마음을 씁쓸하게 하지만, 이러한 동화 줄거리를 통해 인간의 어리석음과 지혜를 깨우치고 배울 수 있는 좋은 계기가 된다는 점에 동화치료의 의의意義가 있다고 하겠다.

전래동화 『슬기로운 판서의 손자』의 주인공 판서의 손자는 할아버지의 콤플렉스를 해결하기 위해 직접 정승을 만나서 담판을 짓는다. 정승을 만난 슬기로운 판서의 손자가 정승에게 우리 판서 집안도 증조할아버지 묘의 기운으로 먹고살아야 하기 때문에 묏자리를 옮길 수 없다고 하자, 정승은 어린아이의 말에 어안이 벙벙했지만, 곧 화를 내면서 자기가 임금 바로 아래 벼슬인 정승인데 자기 말을 거역하면 판서 벼슬을 낮춰 버리겠다고 큰소리친다. 그래서 다시금 슬기로운 판서의 손자가 정승에게 임금 바로 밑에 있는 정승이 더 높은 벼슬을 원하고 있다는 상소를 임금께 올리겠다고 말하자, 정승은 자기 벼슬보다 높은 자리는 오직 임금밖에 없으니, 정승이 더 높은 벼슬을 원하는 것은 곧 반역을 의미한다는 것을 알고는 깜짝 놀란다.

지혜로운 어린 손자의 판단에 정승과 판서의 '묏자리 싸움'은 끝을 맺는다. 결국 묏자리에 대한 감정, 생각, 지각 그리고 기억의 배열 상태가 콤플렉스가 되어 쓸데없는 강박감强拍感에 사로잡히는 노이로제 Neurose의 증상을 보였던 두 늙은이가 단순하고 순수한 어린 아이의 지혜에 의해 그 신경증神經症에서 치유治癒되는 놀라운 체험體驗을 하는 것이다. 정승의 윗자리가 임금의 자리이기에 반역자로 몰리기 직전에 묏자리를 옮기라는 이야기는 아예 없던 것으로 하자는 정승의 말은 콤플렉스를 의식화意識化하는, 곧 이드에서 자아로 올라오는 인격성숙의 용기勇氣의 표출이며, 깨달음이다. 마찬가지로 손자의 친할아버지인 판서도 묏자리에 대한 콤플렉스에서 벗어나 커다란 기쁨 가운데 병석病席에서 벌떡 일어나는 것이다.

장래 정승감인 슬기로운 손자를 둔 판서 할아버지. 이것도 조상의 묏자리 덕悳이라고 치부할지 모르겠으나, 동화를 통해 갈등문제를 해결하는 지혜를 배우고 깨닫는다면, 현실에서 발생하는 많은 어려운 문제들이 고통이 아니라 기쁨으로서 삶의 활력소活力素가 되리라 생각한다. 인간이 한평생을 살아가면서 어떤 직업을 갖을까, 얼마큼 신분이 상승될 것인가, 어떻게 부자富者로 살 수 있을까, 얼마나 큰 권력을 가질 수 있을까 등등, 개인이 사회적 요구에 의해 반응으로 내보이는 사회적 모습, 곧 한 개인을 포장하고 있는 집단정신의 인위적인 단면인, 페르조나Persona(외적 인격)를 성격 발달에 방해가 될 정도로 강조하게 되면, 심리적 스트레스가 따르게 된다. 다시 말해, 집단의 도덕적 규범과 사회적 역할에 맹목적으로 자신을 동일시하여 그것이 자신의 오직 하나의 삶의 목표인줄 알고 살다가 어느 날 갑자기 심한 우울증이나 각종 심성신체장애에 빠지는 경우가 우리의 모습이 아니겠는가?

심리적 스트레스, 마음의 다양한 콤플렉스, 노이로제, 심한 우울증, 각종 심성신체장애 등에서 벗어나기 위해 우리는 조상들의 삶의 지혜와 슬기가 담긴 전래동화를 읽어야 하고, 이미 무의식에 잠재하고 있는 다양한 동화 줄거리를 끄집어내어 심신의 병을 치료해야 하며, 마음정신, 심리의 평안과 위로를 받아 덩실덩실 춤을 춰야 되지 않겠는가?

여러분은 무슨 콤플렉스에 시달리십니까? 돈? 직업? 여자? 남자? 어머니? 아버지? 행복? 불행? 묏자리? 하하하. 동화를 읽으십시오. 그 안에 해답이 있습니다.

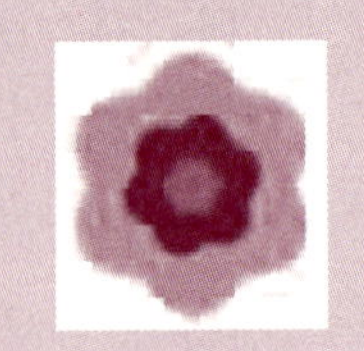

8.

어린 사또의 지혜

『어린 사또의 지혜』

옛날 어느 마을에 신동이라고 불리는 어린아이가 살고 있었다. 그 아이는 불과 열다섯 나이로 과거에 장원급제했고, 한 고을에 사또로 부임하게 되었다. 새 사또가 고을에 도착했을 때, 고을 사람들은 깜짝 놀랐다. 왜냐하면, 부임사또가 열다섯 살밖에 안 된 소년이었기 때문이다. 나이가 어린 사또가 부임해서 그런지 바로 밑에서 일하는 육방이라는 벼슬아치들뿐만 아니라, 고을유지들도 어린 사또를 보고 코웃음을 쳤다. 그들의 눈에는 사또의 나이만 보였지, 그의 능력과 판단에는 별다른 관심을 보이지 않았다. 특히 사또 바로 아래서 일하는 벼슬아치들이 어린 사또에게 제대로 인사하지도 않았고, 그들끼리 모이면 어린 사또에 대해 수군수군 험담만 했다.

명령을 내려도 건성 건성하고 인사할 때도 고개를 뻣뻣하게 세우고 하니 도대체 고을을 다스릴 방법이 없자, 사또는 그 못된 버릇을 고칠 생각으로 석수를 불러 그에게 돌 갓을 만들라고 지시했다.

돌 갓이 완성되자 사또는 육방을 불러 모았고, 쓰고 있는 가벼운 갓 대신에 돌 갓을 쓰도록 했다. 그러니 벼슬아치들의 꼿꼿한 목이 무거운 돌 갓 때문에 저절로 구부러졌고, 목이 부러질 것 같아 잠시도 참지 못하게 되었다. 죽을 지경이 돼서야 벼슬아치들은 사또에게 그들의 죄를 용서 빌었고, 다시는 거역하거나 불손하게 굴지 않겠다고 맹세하고 나서야 돌 갓을 벗을 수 있었다.

그런 일이 있고 나서 얼마 동안은 벼슬아치들이 어린 사또에게 꼬박꼬박 고개를 숙여 인사를 했고, 분부 내린 일에도 순종했다. 그러나 얼마 지나지 않아서 또다시 벼슬아치들은 어린 사또를 얕잡아 보기 시작했다.

하루는 사또가 벼슬아치들과 함께 수수밭 곁을 걷고 있었는데, 사또가 지혜를 내어 육방에게 수숫대를 꺾어가지고 절대로 부러지지 않게 자신의 소맷자락에 넣어 보라고 명령했다. 일 년도 자라지 않은 수숫대였지만, 길이가 어른 키보다 컸으니, 부러뜨리지 않고 소맷자락에 넣기란 불가능했다. 지혜로운 사또는 일 년도 안 자란 수숫대를 소맷자락에 넣지도 못하는 주제에 십오 년이나 자란 자신을 가지고 놀려느냐고 호통을 쳤고, 벼슬아치들은 황당해하면서 또다시 어린 사또에게 싹싹 용서를 빌었다. 그리하여 지혜로운 어린 사또는 아무런 어려움 없이 고을을 다스렸으며, 이후 벼슬아치들뿐만 아니라 유지를 포함한 모든 백성들에게 존경을 받았다.

동화를 통해 몸과 마음의 상처를 치료하는 일을 동화치료라고 한다. 특히 나이가 어려서 무시당하거나 놀림 받아서 마음에 상처받은 일이 있다면, 전래동화 『어린 사또의 지혜』를 통해 그 치유 방법을 모색해 보자.

전래동화 『어린 사또의 지혜』의 서두문에서 주인공 어린 사또가 신동으로 불릴 만큼 지혜와 재주가 뛰어난 아이로 소개된다. 여기서 의심이 생겨 "아니, 나도 어렸을 때 머리와 재주가 비상해서 신통한 아이라고 불렸는데?"라고 반문을 하고 싶다면 이 동화의 주인공과 아이덴티티Identity를 갖게 될 가능성이 있다. 그래서 이 동화가 더욱 재미있고, 빨리 읽고 싶은 충동에 사로잡히게 될 것이다.

아무튼 동화 주인공은 고을 사람들이 입이 마르도록 칭찬할 정도로, 무엇보다도 '신동神童'이라고 불릴 정도로 뛰어난 머리와 재주를 가진 아이이다. 그런데 이상하게도 이 신동의 부모가 누군지는 소개되지 않는다. 이게 동화이다. 동화에서는 가족관계나 주변인물, 처해진 환경 등이 서술되지 않아도 무방하며, 오직 주인공만을 중심으로 줄거리가 진행되기 때문이다.

열다섯 살 어린 나이에 동화 주인공 어린 사또는 지금의 사법고시나

행정고시에 해당하는 '과거시험過擧試驗'을 치렀다. 물론 요즘도 조기교육, 영재교육이라 하여 일찍부터 정기교육과정을 뛰어넘어 어린 나이에 대학생이 되거나, 공무원이 되는 경우를 굉장한 일인 양 언론에서 보도하고 있지만, 이렇게 중학생 나이에 과거에 급제하는 경우는 동화 주인공이 처음이 아닌가 생각된다. 그냥 합격이 아니라, '장원급제壯元及第'라니 그 천재성이 확실히 증명된 거라 할 수 있다. 그래서 "나도 소싯적엔 천재 소리 들었어."라고 말하는 사람들이 이 동화를 읽는다면, 약간은 의아해하거나 기가 조금은 죽을 것이다.

아무튼 동화 주인공은 장원급제를 한 뒤, 동화 제목에 알맞은 '사또'라는 벼슬을 제수除授 받고 한 고을로 부임赴任하게 된다. 동화의 실제 이야기는 이제부터 시작된다고 할 수 있다. 동화 제목에 걸맞은 '어린 사또'라는 벼슬아치로서 나이 많은 부하들과 권속들을 다스려야 하니 말이다.

'장유유서長幼有序'가 미덕美德인 그 시대에 고을 사또로 부임한 자가 열다섯 살의 어린 사또이니, 부하들뿐 아니라 나이 먹은 대다수 백성들이 말을 듣지 않고 깔보고 놀리며 흉을 보고, 인사도 제대로 하지 않으니 어찌 고을을 다스릴 수 있겠는가? 일반적으로 '체면' · '낯' · '도리' · '본분' 등의 말로 표현되는 집단적인 행동규범을 인간의 외적 인격인 '페르조나'라고 하는데, 이들은 단순히 사또가 어리다는 이유로 '체면'에 얽매여, 자신의 '도리'와 '본분'을 다하지 않는 모순에 빠지는 것이라고 할 수 있다. 그것을 달리 표현하면, 많은 사람들이 모였을 때 나타나는 독특한 정신 상태나 행동 양식인 대중심리大衆心理의 하나인 '군중광기群衆狂氣, Massenwahn'라고 할 수 있다. 이것은 각 개인이 이성보다 감정에 영향을 받아 다른 사람의 선동적인 말에 자제력을 잃고 집단난동이나 폭동, 파괴를 일으키기도 하는데, 바로 사또의 아래 벼슬아치들이 어린 사또를 무시하고 업신여기니, 일반 백성들도 따라서 무시하는 그런 현상이 나타난다고 할 수 있다.

이러한 문제에 부딪쳤을 때, 어떻게 해야 할까? 임금에게 상소를 올려서 도와달라고 할까? 혹은 이웃 고을 원님에게 도움을 청할까? 아니면 혼자서 그 난관을 헤쳐 나갈까? 빙고! 어린 사또는 바로 혼자서 전체 백성을 다 상대할 수 없으니, 바로 아래 벼슬아치들만 복종시키면 된다는 지혜로운 판단을 하고는 '이방吏房'을 불러 명령을 내린다.

이방은 조선 시대에 지방 관아官衙에 소속된 육방(이방, 호방, 예방, 병방, 형방, 공방) 중 하나로서, 사또 밑에서 인사人事와 고과考課 등의 업무를 맡아보던 벼슬아치를 말한다. 어찌 보면, 사또 바로 아래 벼슬아치이니, 이를 통해서 명령을 하달하고, 복종 상태를 점검하는 기지奇智를 발휘한 것이라고 할 수 있다. 이방은 '석수石手를 불러오라'는 어린 사또의 명령을 따르긴 했지만, 마지못해 했다는 것을 알 수 있다. 그 자신이 스스로 석수를 불러오지 않고, 그 아래 '사령使令'을 시켜서 불러오게 했으니 말이다.

어쨌든 석수가 대령했고, 어린 사또는 그에게 '돌 갓(돌로 만든 갓)'을 만들어 오라고 지시했으며, 석수장이는 의아해하면서도 몇 개의 돌 갓을 만들어 사또에게 바쳤다. 갓 만드는 자(입자장, 笠子匠)가 아니라 석수가 갓을 만들었으니 그 무게가 상당했으리라는 것은 미뤄 짐작할 수 있지 않는가.

이방을 비롯한 육방의 벼슬아치들이 목이 너무도 빳빳하여, 사또어른을 보고도 도무지 머리를 숙일 줄 모르는 것이라고 나무라는 어린 사또에게서 어떤 느낌이 드는가? '어린 나이에 지가 무슨 어른이라고?'

라는 생각이 드는지? 아니면, '역시 계급이 중요해. 군대도 나이보다 계급이잖아.'라는 경험담이 생각나는가? 아무튼 고을 수령首領으로서 그 지역을 다스리려면, 명령과 복종의 상하관계가 절실하기에 어린 사또는 그런 뜻에서 자신을 어른이라고 한 것이라 할 수 있다.

무거운 돌 갓을 쓴 이방 이하 육방의 벼슬아치들은 어떻게 되었을까? 목이 부러질 정도이고, 눈알이 툭 튀어나올 정도의 고통을 맛보았을 거고, 그리고는 살려 달라고 애원하지 않았겠는가. 벼슬아치들은 어린 사또에게 반항할 수도 있었겠지만, 감히 그렇게 하지는 못했다. 왜냐하면, 그 시대는 오늘날 같은 민주주의 시대가 아니었기 때문이다.

사또의 권위와 명령에 대한 도전과 불순종에 대해, 매枚나 벌罰로 다스리는 게 아니라, 돌 갓을 쓰게 하여 자신의 죄를 깨닫게 하는 어린 사또의 지혜로운 행동에 대해 크게 감동받을 만하지 않는가. 고개를 숙여 인사하지 않는 모습을 뻣뻣한 '목고개 병'이라고 이름 붙이는 선조의 해학에 입가에 웃음이 머금어지며, 병에서 나은 것 같으니 용서해 주겠다는 어린 사또의 너그러움은 지도자가 갖출 덕德 있는 인품人品이라고 말할 수 있다. 이래도 어린 사또가 어리게 느껴지는가? 아니면, "징그럽다 얘! 어린 사람이면 어린 사람답게 어리게 놀아라!"고 하고 싶은가? 선택은 자유이지만, 남다른 능력과 지혜를 가진 자를 나이가 어리다고 제대로 대접하지 않는 사회는 건강한 사회가 아니기 때문에 개인의 됨됨이를 인정하고 서로를 존중하는 공동체를 만들자는 취지로 동화치료 방법을 제시하는 것이다.

"사또나리!"라고 외치면서 부복俯伏하던 나이 먹은 벼슬아치들이 '제 버릇 개 못 준다'는 속담처럼 얼마 가지 못해 다시금 사또를 '자기네들 옷소매 속에다 넣어서 꼼짝 못하게' 하려고 한다. 즉, 손오공이

부처님 손바닥을 벗어나지 못하게 한 것처럼 어린 사또를 나이 먹은 부하들이 옷소매 안에 넣고 쥐락펴락하려고 한 것이다.

어린 사또와 늙은 벼슬아치들의 기氣 싸움은 두 번째 수숫대 사건으로 마무리된다. 일반적으로 동화는 세 번의 과제부여와 과제해결을 좋아하는데도 불구하고, 두 번의 지혜로운 방법으로 늙은 부하들을 나무라고 꼼짝 못하게 함으로써 동화의 마지막을 해피엔딩으로 장식하는 것이다.

어느 날 사또가 벼슬아치들과 함께 수수밭 곁을 걷고 있었는데, 사또가 지혜를 내어 육방에게 수숫대를 꺾어가지고 절대로 부러지지 않게 자신의 소맷자락에 넣어 보라고 명령한다. 일 년도 자라지 않은 수숫대였지만, 길이가 어른 키보다 컸으니, 부러뜨리지 않고 소맷자락에 넣기란 불가능했다. 지혜로운 사또는 일 년도 안자란 수숫대를 소맷자락에 넣지도 못하는 주제에 십오 년이나 자란 자신을 가지고 놀려느냐고 호통을 쳤고, 벼슬아치들은 황당해하면서 또다시 어린 사또에게 싹싹 용서를 빌 수밖에 없었다. 다시 말해, 일 년도 자라지 않은 수숫대 하나도 소매 속에 못 넣는 주제에, 십오 년이나 자란 사또를 육방의 벼슬아치들이 소매 속에다 넣고 마음대로 주무를 수 있다고 생각했다면 오산이 아니었겠는가. 그러니 어른 부하들을 나무라는 어린 사또의 질책은 가히 '자기실현Selbstverwirklichung'의 결과, 곧 해탈解脫의 경지境地에서 나온 지혜의 말이라고 할 수 있다. 아니무스로 말하자면, 마지막 네 번째 단계인 '지혜로운 안내자의 남성상'을 의미한다고 말할 수 있다. 그러니 나이가 많다고 자기실현을 성취하는 것도 아니고, 나이가 어리다고 깨달음이 없다고 말할 수 없다는 것이 이 동화를 통해 증명되는 것이다.

그런데 왜 잘못한 부하들은 항상 "죽을죄를 지었습니다."로 잘못을 고백하는 걸까? 죽음을 각오한 죄의 고백이라면 오히려 자기실현의 경지에 이미 도달한 사람들이 내뱉을 수 있는 말인데도 말이다. 그렇다. 우리는 그들이 습관적으로 다급한 상황을 면피해 보려고 내뱉는 말이라는 것을 잘 알고 있다.

여러분은 '감탄고토甘呑苦吐'의 자신의 이익만 추구하고 할 도리를 경시하는 그러한 인생을 살아가는 늙은 벼슬아치처럼 그렇게 살고 싶지는 않겠죠? 여기에 전래동화 『어린 사또의 지혜』를 통해 어리지만 무시해서는 안 되는 대인관계의 지혜를 공감하는 치유 방법이 있는 것입니다.

9.

혹부리 영감

『혹부리 영감』

옛날 어느 마을에 큰 혹을 얼굴에 달고 있는 착한 혹부리 영감이 살고 있었고, 그의 이웃 마을에도 똑같이 큰 혹을 얼굴에 달고 있는 욕심 많은 혹부리 영감이 살고 있었다.

어느 날 착한 혹부리 영감은 약초를 캐러 산에 올라갔다가 날이 저무는지도 모르게 일을 하다가 그만 날이 어두워져서 집으로 돌아가는 길을 잃어버렸다. 그가 약초 짐을 메고 숲길을 헤매다가 마침 허름한 빈집이 눈에 띄어, 그곳에서 하룻밤 자고 가려고 했다. 착한 혹부리 영감은 휑하니 사방이 뚫린 방바닥에 누워 잠을 청하려고 했는데, 갑자기 이상한 동물소리도 들리고 무서운 생각도 들어 잠을 이룰 수 없었다. 어려서부터 어두운 골목길을 다닐 때면, 노래를 크게 불러 무서움을 달래던 습관이 있는 그였기에, 팔베개를 하고 누워서는 무서움을 떨치기 위해 큰 소리로 노래를 부르기 시작했다.

착한 혹부리 영감이 다리를 흔들면서 구성진 가락에 맞춰 육자배기를 멋지게 부르고 있는데, 갑자기 도깨비들이 나타났다. 도깨비 중의 우두머리 격인 매우 무섭게 생긴 도깨비가 그 아름다운 노랫가락이 어디서 나오는 거냐고 물었다. 혹부리 영감은 무섭고 떨렸지만 정신을 바짝 차리고는 도깨비에게 노래가 목구멍에서 나오는데 혹시 얼굴에 붙은 커다란 혹에서 나오는 것인지도 모르겠다고 말했다. 커다란 혹이 노래 주머니라는 말을 들은 도깨비는 혹부리 영감 앞에서 감쪽같이 얼굴에 붙은 커다란 혹을 떼었고 보상으로 진기한 금은보화를 한보따리 주었다. 착한 혹부리 영감은 졸지에 큰 부자가 되었고, 아이들의 놀림거리인 혹도 없어져서 너무나 기뻤다.

이 소식을 전해들은 욕심쟁이 혹부리 영감은 배가 아팠고, 자기도 혹도 떼고 부자도 되고 싶어서 착한 혹부리 영감을 만났고, 그가 알려준 그 빈집을 찾아갔다. 날이 저물자 욕심 많은 혹부리 영감은 방바닥에 누워 목이 터져라 노래를 불렀다. 그때 간밤에 나타났던 도깨비들이 나타났고, 역시 무서운 우두머리 도깨비가 그 노랫가락이 어디서 나오는 거냐고 물었다. 욕심쟁이 혹부리 영감은 지체 없이 자신의 얼굴에 붙어 있는 혹을 가리켰고, 이 커다란 혹에서 노랫소리가 나오는 거라고 대답했다. 그러자 도깨비는 음흉하게 웃으면서 한 번 속았으면 됐지 또 속을 줄 아냐면서 어제 착한 혹부리 영감의 얼굴에서 떼어낸 혹을 욕심 많은 혹부리 영감의 혹 옆에 붙여 줬다. 그러고 나서는 껄껄껄 웃으면서 한바탕 춤을 추고는 어스름 속에서 사라졌다. 욕심쟁이 혹부리 영감은 혹을 떼려다가 혹을 하나 더 붙인 채 집으로 돌아갔다.

동화치료

전래동화 『혹부리 영감』은 가짜와 진짜의 문제를 다룬 유명한 이야기이며, 동화치료에 알맞은 해학적인 이야기이다. 오늘날 진짜보다 더 진짜 같은 가짜가 얼마나 많은가? 소위 '짝퉁'이 아무런 거리낌 없이 유행하는 시대가 아닌가? 진짜가 나, 곧 자아라면, 가짜는 또 다른 나, 곧 그림자라고 할 수 있다. 동화적童話的으로 얘기한다면, 진짜 주인공과 가짜 주인공이라고 할 수 있는데, 한 예를 들면, 진짜 주인공인 한 도령이 과거시험을 위해 집을 떠나 약 3년 동안 절간에서 공부를 하고 있는 동안에, 쥐나 여우 같은 동물이 도령으로 둔갑을 하여 진짜와 똑같은 모습으로 진짜 주인공 집에 가서 진짜처럼 살고 있을 때, 공부가 끝나 집으로 온 진짜 도령은 오히려 쫓겨나고 가짜 도령이 그 집에서 사는 경우를 말한다.

전래동화 『혹부리 영감』에서는 진짜 주인공인 착한 혹부리 영감과, 가짜 주인공인 이웃 마을 욕심 많은 혹부리 영감이라고 말할 수 있다. 곧, 진짜 혹부리 영감의 '도플갱어Doppelgänger(제2의 자아)'가 가짜 혹부리 영감이라고 할 수 있다.

진짜 주인공 혹부리 영감의 직업은 약초꾼이다. 다른 동화 버전에서는 나무꾼으로 서술되기도 한다. 약초꾼이든 나무꾼이든 혹부리 영감은 얼굴에 달린 커다란 혹 때문에 동네 아이들에게 놀림을 받지만, 성실하고 부지런하게 산에서 약초를 캐어 장에다 내다팔아서 생활하는 착한 영감이다. 그러니 동화 주인공 '혹부리 영감'은 '신데렐라'라는 이름처럼 놀리기 위해 주변 사람들이 붙인 '별명別名'이다. 또한 『선녀와 나무꾼』의 남자 주인공 나무꾼처럼 젊은이는 아니지만, 깊은 산속에서 약초를 해다가 먹고사는 가난한 영감이다. 그의 얼굴에 커다란 혹이 하나 달려 있으니, 얼마나 거추장스럽고 남 보기에 창피하겠는가? 아무튼 주머니처럼 대롱대롱 매달린 혹 때문에, 혹부리 영감이라고 놀림을 당하니, 남과 더불어 사회생활을 하기에 불편한 점이 이만저만 아니다. 그래서 자신도 모르는 사이에 혹이 그 영감의 콤플렉스가 되어 '대인기피증對人忌避症'까지 생겼고, 자신을 원망하는 심리적 '공황장애恐慌障碍'를 일으켜 혹을 만질 때마다 땅이 꺼져라 탄식한다.

다시 말해, 혹부리 영감이 혹으로 인해 겪는 '대인기피증'이나 '공황장애'는 자아나, ego의 어두운 면으로서 억압된 열등한 인격에서 비롯된, 대표적인 비도덕적이고 비합리적인 심리적 경향을 의미한다. 이러한 어두운 그림자에서 벗어나려면, 그 원인이 된 혹을 떼어내야만 한다. 혹부리 영감에게는 혹이 원인이지만, 오늘날에도 그러한 혹과 비슷한 결점缺點이 자신들에게 있다고 생각하여 그러한 심리적 고통 속에서 살아가는 자들이 얼마나 많은지 모른다. 예를 들면, 쌍꺼풀이 없는 자, 얼굴에 큰 점이 있는 자, 코가 유난히 큰 자 또는 작은 자, 머리카락이 쉽게 빠지는 자, 유난히 새치가 많은 자, 눈썹이 반밖에 없는 자, 귀가 당나귀 귀처럼 큰 자 또는 너무 작은 자, 입이 토인 입처럼 두껍고 큰 자 또는 너무 얇고 작은 자 등등, 열거해 보니 한없이 많은 결점이 어둡고 열등한 내적 인격이 되어, '대인기피증'이나 '공황장애'로까지 발전하는 건지 모르겠다.

그럼 어떻게 하나? 어떻게 이러한 혹을 떼어낼 수 있을까? 물론 오늘날에야 성형외과 등으로 가서 그러한 결점을 수술해서 고치면 되겠지만, 혹부리 영감 시대에는 어떻게 떼어냈을지 궁금하지 않는가?

혹부리 영감은 깊은 산속에서 깜깜한 밤중에, 바로 노래를 불러서 도깨비들을 감동시켰고, 노래의 출처出處가 된 그의 혹을 팖으로써 심리적 고통에서 벗어날 수 있었다. 특히 매우 무섭게 생긴 우두머리 도깨비가 그 아름다운 노랫가락이 어디서 나오는 거냐고 물었을 때, 혹부리 영감은 무섭고 떨렸지만 정신을 바짝 차리고는 도깨비에게 노래가 목구멍에서 나오는데 혹시 얼굴에 붙은 커다란 혹에서 나오는 것인지도 모르겠다고 대답했다. 호랑이에게 물려가도 정신만 차리면 살 수 있다는 속담이 생각나는 장면이 아닌가? 커다란 혹이 노래 주머니라는 말을 들은 도깨비는 혹부리 영감 앞에서 감쪽같이 얼굴에 붙은 커다란 혹을 떼었고 보상으로 한보따리의 진기한 금은보화를 주기까지 하는 게 아닌가?

그럼 혹부리 영감이 만난 도깨비는 어떤 존재일까? 동화에 등장하는 것처럼 현실에서도 실제로 나타나는 존재일까? 도깨비는 바로 인간 정신마음, 심리의 깊은 곳, 곧 집단적 무의식에 자리 잡고 있는 인습적인 관념이자 표상表象이다. 즉, 집단적 무의식을 의식화하여 동화 속에서 의인화擬人化하여 표현한 존재가 도깨비란 말이다.

도깨비들은 도저히 흉내 낼 수 없는, 세상에서 가장 훌륭한 목소리를 지닌 혹부리 영감을 억지로 해害하거나 강제로 빼앗지 않고 거래하기를 원한다. 얼마나 멋진 도깨비들인가? 그저 무섭고 끔찍한 공포의 대상인 도깨비가 혹을 사고 그에 해당하는 대가代價를 지불하겠다니, 이 얼마나 합리적이고 해학적인 거래란 말인가?

더욱이 성형외과에서 전신마취를 하고 혹을 떼어내는 수술을 하듯이, 아니 그보다 몇 백배는 더 쉽게 도깨비들은 혹부리 영감의 혹을 감쪽같이 떼어내어 사라진다. 주머니만 한 목에 달린 혹을 제거해 준 것만 해도 날아갈 것 같은데, 금은보화金銀寶貨가 가득한 보물자루마저 주고 갔으니, 이 얼마나 기쁘고 즐거운 일인가? 혹부리 영감이 산속에서 나무를 하다가 너무 늦어 집에도 못 가고, 산속에서 밤을 지내게 되었는데, 이런 횡재를 만났으니, 꿈인지 생시生時인지 도무지 분간이 가지 않을 정도로 기쁨에 취하지 않을 수 있겠는가? 그래서 동화의 전반부前半部는 혹을 뗀 뒤 부자가 되어 집으로 돌아오는 혹부리 영감의 귀향歸鄕으로 행복한 결말로 끝난다.

이제 진짜 혹부리 영감의 '도플갱어'인 이웃 마을 욕심쟁이 혹부리 영감이 동화의 후반부後半部를 시작한다.

착한 혹부리 영감과 욕심 많은 혹부리 영감과의 만남, 그것은 자아와 제2의 자아의 만남이요, 진짜와 가짜의 만남을 의미한다. 동화에서 가짜 주인공도 진짜 주인공과 거의 비슷한 역할을 수행하기 때문에, 진짜 혹부리 영감이 했던 것과 똑같이 가짜 혹부리 영감도 행한다. 물론 부정적 결과를 가져오는 것으로 가짜는 드러나게 된다. 때로는 그림 동화 『신데렐라』의 결말처럼 가짜 주인공인 의자매를 거짓과 악의惡意 때문에 벌을 받게 할 수도 있다. 전래동화 『혹부리 영감』에서도 가짜 혹부리 영감은 혹 떼러 갔다가 혹을 덧붙이고 왔으니, 그러한 벌을 받는 것으로 결말을 냈다고 볼 수 있다.

노래가 든 혹을 가리키면서 혹을 사라고 강매하듯이 거래를 청하는 주체主體가 가짜 혹부리 영감이기 때문에, 동화 전반부에서 느꼈던 감동과 서스펜스는 지극히 경감輕減되고 있음을 알 수 있다. 또한 가짜가 아무리 진짜처럼 고운 목소리로 노래를 부를지라도 이미 한 번 속은 도깨비를 속일 수 있다는 어리석음이 적나라하게 드러나는 우스꽝스런 장면場面을 자아낸다고 하겠다. 아무튼 도깨비는 음흉하게 웃으면서 한 번 속았으면 됐지 또 속을 줄 아냐면서 어제 착한 혹부리 영감의 얼굴에서 떼어낸 혹을 욕심 많은 혹부리 영감의 혹 옆에 붙여 준다. 그러고 나서는 껄껄껄 웃으면서 한바탕 춤을 추고는 어스름 속에서 사라지는 것이다.

무엇보다도 도깨비들이 가짜 주인공에게 내뱉는 '거짓말쟁이', '맹추 같은 영감탱이', '새빨간 거짓말' 등과 같은 단어에서 진짜 주인공을 대했던 도깨비들의 모습은 더 이상 발견할 수 없고, 인간의 뇌리 속에 자리 잡고 있는 본연의 무섭고 두려운 도깨비의 모습을 여기서 보여준다고 말할 수 있다. 그것은 집단적 무의식이 의식의 뿌리로서, 모든 창조와 파괴의 가능성을 잉태하고 있는 씨앗과 같은 것이지만, 가짜 주인공에게서는 도깨비들이 창조적이고 긍정적인 면이 아니라, 파괴적이고 부정적인 면으로 나타났기 때문이다.

진짜 주인공이 혹을 떼이고 보물을 가지고 귀향하는 반면에, 가짜 주인공은 혹을 하나 더 붙이고 울면서 돌아가니, 역시 극단적인 대조對照를 좋아하는 동화의 특성이 잘 나타났다고 할 수 있다. 이것은 인간 정신마음, 심리의 무의식적인 부분에 있는 나자아, 에고의 분신分身이며, 위선적이고 이중인격적인 무의식적인 인격, 곧 그림자의 양면적 현상現象이라고 말할 수 있다. 다시 말해, 창조와 파괴, 긍정과 부정, 생과 사死, 빛과 어둠, 발전과 퇴보退步 등의 양면적 가능성에서 과연 나는 어떤 것을 선택해야하는지를 판단判斷케 하는 단초端初가 되는 것이다.

그림 동화 『홀레 부인』에서도 진짜 주인공과 가짜 주인공의 극단적인 대조를 통해 동화 전반부와 후반부의 두 개의 연속連續으로 동화 줄거리를 진행하듯이, 전래동화 『혹부리 영감』에서도 같은 구조로 진짜와 가짜의 문제를 해학적으로 보여준 것이라고 하겠다. 더욱이 『흥부와 놀부』에서 놀부가 흥부의 그림자이고, 『콩쥐와 팥쥐』에서는 팥쥐가 콩쥐의 어두운 면이듯이, 『혹부리 영감』에서는 혹이 두 개가 된 혹부리 노인이 착한 혹부리 영감의 그림자라고 할 수 있다.

여러분은 혹을 하나 떼려다 두 개를 붙인 적은 없나요? 나의 인생에서 혹은 무엇인가요? 그 해답을 동심童心으로 돌아가 전래동화 『혹부리 영감』에서 찾기를 기대期待합니다.

10.

도깨비감투

『도깨비감투』

옛날 어느 마을에 평생 뼈 빠지게 일만 하던 갓장이가 살고 있었다. 그 당시에는 갓을 만드는 일이 천한 직업이었고, 수입도 시원치 않았기 때문에 평생 동안 갓 만드는 일을 했지만, 그는 가난에서 벗어날 수가 없었다.

어느 날 갓장이는 기구한 팔자타령을 하면서 갓을 만들고 있었는데, 갑자기 한 도깨비가 나타나서 감투를 하나 주면서 써 보라고 했다. 그것을 쓰면 모습이 보이지 않았기 때문에 도깨비감투라고 불렀다. 갓장이는 마침 그가 일하는 곳으로 나왔던 부인에게 도깨비감투를 시험해 봤다. 처음에는 자기가 써 보고 부인이 안 보인다고 하니깐 반대로 부인에게 씌워 보니 역시 부인도 보이질 않았다. 갓장이는 이 도깨비감투를 쓰고 무엇을 하면 좋을까 궁리한 끝에 남의 물건을 훔칠 것을 결심했다.

그래서 갓장이는 도깨비감투를 쓰고 시장에 나가서 훔치고 싶은 물건을 닥치는 대로 마음껏 훔치면서 잘살게 되었다. 손이 부르트고 상처가 나 피가 나기까지 갓을 만드는 일을 하지 않아도 되니, 그의 도둑질은 몇 날 며칠 계속되었다.

그런데 하루는 갓장이가 담배를 피우다가 불똥이 튀어 도깨비감투에 구멍이 났다. 그래서 그는 부인을 시켜 도깨비감투를 수선하게 했는데, 이때 검은 실이 없어서 푸른 실을 사용했다. 이런 일이 있은 후에 시장 사람들에게는 푸른 점이 나타나면 반드시 물건이 없어진다는 소문이 퍼졌다.

하루는 갓장이가 장신구를 훔치려고 장신구가게로 들어갔는데, 때마침 소문 때문에 몽둥이를 들고 두 눈을 부릅뜨고 경계하고 있던 장신구가게 주인에게 딱 걸렸다. 가게주인은 들고 있던 몽둥이로 눈에 보이는 푸른 점을 마구 내려쳤고, 갓장이는 간신히 도망쳐 나와 집으로 돌아올 수 있었다. 다친 남편이 허겁지겁 집으로 들어오는 것을 본 부인은 도깨비감투를 벗겨서 불에 던져 버렸다. 갓장이는 다시 예전처럼 갓 만드는 일을 천직으로 깨닫고 가난하지만 마음 편하게 살았다.

전래동화 『도깨비감투』는 무엇보다도 프로이트의 '무의식적 욕망'이 적나라하게 잘 묘사된 작품이다. 동화 주인공은 매우 가난한 '갓장이'이다. 그는 가난에서 벗어나고 싶은 '본능적인 욕구, 욕망Bedürfnis'을 실현하기 위해 자아의 어두운 그림자인 도깨비를 만나게 된다. 하루는 갓장이가 기구한 팔자타령을 하면서 갓을 만들고 있는데, 갑자기 한 도깨비가 나타나서 감투를 하나 주면서 써 보라고 했다. 즉, 도깨비는 조력자로서 주인공에게 망건網巾을 선물하는데, 이것이 동화 제목에 명기된 '도깨비감투'이다. 사전적 의미로 도깨비감투는 '머리에 쓰면 자기의 몸이 다른 사람의 눈에 보이지 않는다는 신기한 감투'를 말한다. 갓을 만드는 일을 천직天職으로 생각하고 지금까지 살아온 갓장이에게 왜 갑자기 도깨비가 나타난 걸까?

사실 갓을 만드는 일은 매우 어렵고 힘든 작업이다. 그럼에도 불구하고, 사람들이 천하게 여기는 직업이요, 가난을 벗어날 수 없는 한직閑職인 것이다. 그러니 동화 주인공은 갓을 만드는 일이 다람쥐 쳇바퀴 돌리듯 지루했을 테고, 돈도 안 되는 일 때문에 만들던 망건을 집어던지는 일이 생기지 않았겠는가?

오늘날도 마찬가지이다. 소위 '3D 업종(difficult, dangerous, dirty, 힘들고, 위험하고, 더러운 일의 직종)'에서 근무하는 직장인들을 보라. 실제로 국민 소득이 높아지면서 사회 전반적으로 지나치게 힘들거나 위험한 일을 기피하면서 생겨난 현상이긴 하지만, 누가 그러한 일을 천직으로 알고 일하겠는가? 또는 '비정규직 일자리'는 어떠한가? 비정규직非正規職은 임금을 적게 주고, 해고를 쉽게 하기 위해 등장한 계약직 또는 일용직 또는 간접고용 노동자들을 말한다.

3D 업종에 종사하는 자이든, 비정규직 일자리에서 일하는 자이든, 동화 주인공 갓장이처럼 도깨비를 만나서 감투를 받고 싶지 않겠는가?

아마도 3D 업종에 종사하는 자에게는 그러한 직업에서 벗어나, 덜 힘들고, 덜 위험하고, 덜 더러운 일을 하고 싶지 않겠는가? 또한 비정규직에서 일하는 자는 하루 빨리 정규직에서 근무하는 것을 바라지 않겠는가?

오늘날은 갓을 만드는 자가 '인간문화재人間文化財'로 지정되고 대접받는 귀한 직업이지만, 동화 주인공 갓장이 시대에는 3D 업종이나 비정규직 같은 취급을 받았다는 것이며, 그러한 직업에서 벗어나려는 간절한 소망이 억압된 열등한 내적 인격인 그림자의 화신化身으로서 도깨비로 표출된 것이라고 할 수 있다. 그래서 갓장이는 도깨비감투를 쓰고 시장에 나가서 훔치고 싶은 물건을 닥치는 대로 마음껏 훔치면서 잘살게 되었다.

도깨비감투는 '투명망토'나 '요술모자' 같은 동화의 가베Gabe(하사품, 선물, 주어진 물건)이다. 일반적으로 그러한 특별한 능력이 있는 가베는 동화 등장인물들을 연결시켜 주거나, 동화 주인공을 도와서 과제를 해결하기 위해 요긴要緊하게 쓰이는데, 이 동화에서는 도둑질하는데 사용되고 있다. 물론 동화 주인공이 원하는 일이니, 주어진 물건으로서 도깨비감투가 그 기능을 담당한 것이지만, 왠지 읽는 독자들의 마음은 편안치 않은 게 사실이다. 그렇게 하기 싫은 갓을 만드는 일을 안 하고, 도깨비감투를 쓰고 투명인간透明人間으로서 남의 재물을 훔쳐서 살림이 넉넉해졌다니, 이렇게 동화 줄거리를 끝낼 수는 없지 않는가?

물론 의적義賊 '일지매'나 '임꺽정'처럼 부정하게 모은 재물을 훔쳐다가 가난한 사람을 도와주는 의로운 도둑이 없는 것은 아니지만, 동화 주인공 갓장이는 그런 도둑이 아니다. 의적이라고 자신을 합리화하고 싶으면서도 오직 가난에서 벗어나, 힘든 일을 하지 않고 호의호식好衣好食하면서 살고 싶은 파괴적 욕망慾望에 사로잡힌 자일뿐이다. 그래서 그의 부인도 그렇더라도 도둑질은 나쁜 것이라고 나무라지만, 소용이 없다.

'자업자득自業自得'이라고나 할까? 갓장이는 부인의 나무라는 말을 듣고 기분이 언짢아 담배를 피우다가 그 담뱃불이 도깨비감투에 떨어져 구멍이 나니 말이다. 그래서 그는 부인을 시켜 도깨비감투를 수선하게 했는데, 이때 검은 실이 없어서 푸른 실을 사용했다. 이런 일이 있은 후에 시장 사람들에게는 푸른 점이 나타나면 반드시 물건이 없어진다는 소문이 퍼졌다. 어느 날 갓장이가 장신구를 훔치려고 장신구가게로 들어갔는데, 때마침 소문 때문에 몽둥이를 들고 두 눈을 부릅뜨고 경계하고 있던 장신구가게 주인에게 딱 걸렸다. 가게주인은 들고 있던 몽둥이로 눈에 보이는 푸른 점을 마구 내려쳤고, 갓장이는 간신히 도망쳐 나와 집으로 돌아올 수 있었다.

다시 말해, 도깨비감투가 담뱃불에 의해 구멍이 났고, 그것을 아내가 푸른 실로 꿰맸으나, 그 부분만은 투명감투가 되지 못했으니, 도둑질을 하다가 뭇매를 맞을 수밖에 없질 않는가? 의적이라면 의당 탐관오리의 부정축제자의 집을 털어서 가난한 자에게 나눠 준다는 당위성當爲性이 있지만, 이 갓장이는 상점에 들어가서 파는 장신구를 훔쳐서 도망치니, 어찌 의적이라고 할 수 있겠는가? 푸른 점으로 보였던 투명감투의 꿰맨 자국 때문에, 갓장이는 자리에 누워 끙끙 앓을 정도로 뭇매를 맞은 것이다. 그러자 부인은 도깨비감투를 불에 던져 태워버렸다. 갓장이는 다시 예전처럼 갓 만드는 일을 천직으로 깨닫고 가난하지만 마음 편하게 살았다. 이러한 동화의 종결문에서 도깨비감투를 태워버리는 갓장이 아내의 현명한 처사處事로 도둑질하던 갓장이는 제자리로 돌아오며, 천생 자신의 갓 만드는 일을 천직으로 깨닫고 가난하지만 마음 편하게 살아가는 것이다.

'가난한 집에서는 웃음소리 들리고, 부자 집에서는 울음소리 들린다'는 옛말처럼 가난을 벗 삼아 갓을 만드는 일을 천직으로 삼는 장인정신匠人精神의 자부심으로 갓장이는 지금도 열심히 '도깨비감투' 같은 최고의 갓을 만들고 있을 거라 생각한다.

오늘날도 가난하고 열악한 근로조건 속에서도 자신이 하고 있는 일에 전념專念하거나, 한 가지 기술을 전공하여 그 일에 정통精通하려고 하는 철저한 직업정신職業精神을 갖는 자가 있지 않는가? 아무리 인간의 무의식적 욕망이 본능으로서 쾌락적 에너지로 작용할지라도, 이성과 양심에 따라 자아ego 또는 초자아super-ego에 순응하는 마음정신, 심리의 정화淨化와 조화調和를 이루는 성숙한 삶을 살아야 할 것이다. 그것이 전래동화 『도깨비감투』가 심신心身에 상처가 난 현대인에게 보내는 치유적 메시지이다.

11.

어부와 잉어 아내

『어부와 잉어 아내』

옛날 어느 섬마을에 가난한 어부가 살고 있었다. 하루는 어부가 낚싯대를 들고 바닷가로 가서 낚시를 하고 있었다. 그는 한참을 지나도 물고기 한 마리 못 잡았는데, 저녁 무렵에 갑자기 커다란 잉어 한 마리가 낚싯대에 걸려서 낚을 수 있었다. 어부는 너무 기뻤지만, 잉어가 너무 크고 훌륭해서 도저히 잡아먹을 수가 없었다. 그래서 그는 부엌에 있는 커다란 물 항아리 속에 잡은 잉어를 넣었다.

다음 날 저녁 무렵까지 낚시를 하다가 집으로 돌아온 어부는 깜짝 놀랐다. 왜냐하면, 맛있는 음식이 밥상 위에 차려져 방 안에 놓여 있었기 때문이다. 어찌된 영문인지도 모른 채 어부는 너무 맛있어 보이는 음식을 허겁지겁 배부르게 먹어 치웠다. 사실 어부는 저녁식사로 어제 잡아 놓은 잉어를 생각하고 집에 왔지만, 이미 누군가 차려 놓은 진수성찬을 맛있게 먹느라 물 항아리 속의 잉어를 깜빡 잊고 있었다.

다음 날 아침에 달그락달그락 거리는 소리에 잠이 깬 어부가 이상한 생각이 들어 일어나서 몰래 부엌을 엿보았다. 물 항아리 속의 잉어가 아름다운 여인으로 변하여 부엌에서 밥을 짓고 있는 것이 아닌가? 그는 재빠르게 부엌으로 뛰어들어가 여인의 손을 잡았다. 그러자 여인은 자기가 용왕의 딸이고 어부와 인연이 있어 낚시에 걸려 여기까지 왔고, 이제 사흘만 지나면 완전한 사람이 될 수 있다고 말했다. 어부는 너무 기뻐했다. 사흘째 되던 날 과연 잉어는 이 세상에서 가장 훌륭하고도 아름다운 여인이 되었고, 어부와 결혼했다.

잉어 아내는 용왕의 딸답게 주문을 외워 대궐 같은 커다란 집과 화려한 살림살이 도구 그리고 수십 명의 하녀와 하인들도 불러냈다. 물론 화려하고 훌륭한 의복과 양식도 원하는 대로 나왔다.

한편 잉어 아내는 집의 깊숙한 곳에 커다란 욕실을 마련하고 그곳에서 매일 목욕을 했다. 어부 아내는 남편에게 자기가 욕실에 들어가 목욕을 할 때는 절대로 엿봐서는 안 된다고 말했다. 그리고 만일 목욕하는 모습을 엿본다면 분명히 불행한 일이 생길 거라고 덧붙였다. 어느새 어부와 잉어 아내 사이에서는 세 명의 아이가 태어났고, 그들의 생활은 매우 행복했다.

그러던 어느 날 어부는 잉어 아내가 목욕하는 모습을 보지 말라고 한 것이 너무나 궁금했고, 도저히 참을 수 없는 지경이 되었다. 그래서 어부는 욕실에 들어간 잉어 아내의 모습을 문밖에서 몰래 살짝 엿보았다. 그렇게 아름다운 여인의 모습이었던 아내가 커다란 잉어로 변하여 유유히 욕실 안을 헤엄치고 있는 게 아닌가? 그러나 어부가 엿보는 것을 눈치 챈 잉어 아내는 곧바로 욕실에서 나와서 슬픈 목소리로 일 년만 더 참았더라면 영원히 사람이 될 수 있었는데, 이제 우리의 인연도 이것으로 끝났다고 말했다. 그러고 나서 잉어 아내는 어부가 보는 가운데 하늘나라로 올라갔다.

결국 잉어 아내가 하늘나라로 사라져 버리자, 대궐 같은 커다란 집도, 화려한 살림살이 도구도, 수십 명의 하녀와 하인들도, 그리고 세 명의 아이들도 물거품처럼 눈앞에서 사라졌다. 어부는 다시 원래대로 가난한 어부로 돌아갔다.

동화치료

전래동화 『어부와 잉어 아내』는 선남선녀가 나오는 대부분의 동화에서처럼 인간의 내적 인격인 아니마Anima(남성의 마음속에 있는 여성상)와 아니무스Animus(여성의 마음속에 있는 남성상)의 문제를 다룬 섬 지방에서 구전되어 온 이야기이다. 특히 물고기가 인간으로 '변신'하는 동화적 특징과, '약속'이 얼마나 중요한 대인관계의 핵심인지가 잘 드러난 환상적이고 도덕적인 이야기이다.

대개 동화 주인공은 생존을 위해 행동하는 일을 직업으로 갖게 되는데, 전래동화 『어부와 잉어 아내』에서는 '어부'라는 직업이 인간의 행동견본行動見本으로 나타난다고 하겠다.

순진하고 가난한 어부가 동화 주인공으로서 서두문을 시작하며, 그의 가족사항이나 처해진 주변 환경 등에 대해서는 전혀 언급되지 않는다. 동화의 인물은 마치 하늘에서 뚝 떨어진 존재처럼 그렇게 얽히고설킨 인간관계가 필요 없는 존재라는 뜻이다. 물론 친인척관계가 동화 줄거리의 성취를 위해 필요하다면 단순하게 묘사할 수도 있다.

동화 주인공 어부는 어부라는 행동견본에 따라서 바닷가로 나가서 낚시를 한다. 어부는 하루 종일 한 마리도 못 잡다가, 저녁이 되어서야 갓난아기만큼이나 커다란 잉어를 낚는 데 성공한다. 어부는 너무 기뻤지만, 잉어가 너무 크고 훌륭해서 도저히 잡아먹을 수가 없었다. 그래서 그는 부엌에 있는 커다란 물 항아리 속에 잡은 잉어를 넣어두었다.

전래동화 『어부와 잉어 아내』에서 남자주인공 어부와 여자주인공 잉어 아내와의 첫 만남은 이렇게 하루 종일 낚시해도 단지 한 마리 잉어만 잡을 수 있는, 곧 1:1의 맞선을 연상케 하는 이상한 인연으로 묘사된다. 더욱이 그날 하루 종일 한 마리도 못 잡은 어부가 저녁식탁에 잉어를 잡아서 올리지 않고, 커다란 물 항아리에 물을 가득 담아서 잉어를 보존한다. 여기서 어부와 잉어의 운명적인 만남이 시작되며, 훗날 이 잉어가 아름다운 여인으로 변신하여 어부의 아내가 되는 내용이 선취先取된다고 말할 수 있다.

다음 날 낚시하고 돌아온 어부에게 맛있는 음식이 밥상 위에 차려져 방 안에 놓여 있었다. 어찌된 영문인지도 모른 채 어부는 너무 맛있어 보이는 음식을 허겁지겁 배부르게 먹어 치운다. 혼자 사는 젊은 어부에게 저녁밥상이 진수성찬으로 차려져서 방에 놓여 있으니, 이 무슨 조화란 말인가? 진수성찬珍羞盛饌이란 말은, '푸짐하게 잘 차린 맛있는 음식'인데, 총각인 어부에게 비록 생선은 빠졌지만 '산채나물, 장조림, 숙주나물, 콩나물, 어란 에다 토란까지' 섬에서 차릴 수 있는 '진귀한 음식들'이 저녁밥상에 놓여 있으니, 앞뒤를 생각하지 않고 허겁지겁 먹을 수밖에 없지 않는가? 사실 어부는 저녁식사로 어제 잡아 놓은 잉어를 생각하고 집에 왔지만, 이미 누군가 차려 놓은 진수성찬을 맛있게 먹느라 물 항아리 속의 잉어를 깜빡 잊고 있었던 것이다.

다음 날 아침에 달그락달그락 거리는 소리에 잠이 깬 어부가 이상한 생각이 들어 일어나서 몰래 부엌을 엿보았다. 물 항아리 속의 잉어가 아름다운 여인으로 변하여 부엌에서 밥을 짓고 있는 것이 아닌가? 그는 재빠르게 부엌으로 뛰어들어가 여인의 손을 잡았다. 그러자 여인은 자기가 용왕의 딸이고 어부와 인연이 있어 낚시에 걸려 여기까지 왔고, 이제 사흘만 지나면 완전한 사람이 될 수 있다고 말했다. 이게 웬일인가? 너무 기뻐서 '선녀야 선녀!'라고 외치는 어부의 모습이 인간으로 변신한 잉어가 바로 자신의 아니마의 표상이라고 말할 수 있다. 다시 말해, 용궁의 공주인 잉어가 어부에게는 마음속에 자리 잡은 내적 인격 아니마가 되어 실제로 선녀의 재림再臨으로 간주되는 것이다. 더욱이 어부와 '연분緣分'이 있어서 오게 되었다는 잉어의 고백이, 그녀 역시 순진하고 가난한 어부가 그녀의 아니무스 상像이 되어 그의 아내가 되기를 소망하는 것이다. 일반적으로 여성이 생각하는 남성의 아니무스상은 영웅, 왕자, 현인賢人 등인데, 여기서는 어부가 그런 인물들과 동등한 위치를 차지한다고 볼 수 있다. 그만큼 어부와 잉어의 연분은 운명적이고, 동화적인 꿈 같은 만남이다.

하지만 잉어가 완전한 사람의 모습을 갖기 위해서는 '사흘3일'을 기다려야 한다. '사흘 동안만 기다려 주세요.'라는 잉어의 말이 '약속'이자, 동화의 '금지禁止'이고 과제부여課題附與로서 어부에게 제시되는 것이다.

완전한 인간이 되어 평생을 자신 곁에서 지낼 텐데, 사흘을 못 기다릴 사나이가 어디에 있겠는가? 더군다나 용왕의 지시로 '마음씨 착한' 어부의 낚시에 걸리도록 예정되어 있다면 말이다. 어부는 너무 기뻐했다. 사흘째 되던 날 과연 잉어는 이 세상에서 가장 훌륭하고도 아름다운 여인이 되었고, 어부와 결혼했다. 세상에서 가장 아름다운 미인으로의 변신, 이것은 극단적인 대조를 좋아하는 동화의 추상적 문체의 특징이며, 어부에게 부여된 '약속'이자 '금지'인 과제(3일을 기다리는 것)의 해결을 의미한다. 더욱이 '어부를 서방님으로 섬기며 살아가겠다'는 지상 최고 미녀의 고백에 기뻐하지 않을 자 누가 있겠는가? '왜 그러한 현상은 현실에서 일어나지 않고 동화에서만 일어나는가?'라고 반문할지 모른다. 반대로 그러한 일이 현실에서 일어났다면, 과연 그 커플은 온전하게 타인들과 더불어 잘 지낼 수 있을까? 하는 의구심도 든다. 여기에 동화가 주는 꿈과 비전이 있을 뿐, 현실 실현의 가능성은 희박한 양면적인 모순이 있다고 할 수 있다. 그럼에도 불구하고, 정신적 갈등과 괴리乖離, 곧 무의식과 의식의 단절을 해소하고 치료해야 하는 일이 동화의 본질이기 때문에 동화를 통한 심신의 치료힐링, 테라피는 계속되어야 하는 것이다.

계속해서 잉어 아내는 저승 존재답게 마술魔術을 행하는데, 중얼중얼 주문을 외우면서, '대궐 같은 집아! 나오너라!' 하면, 그러한 집이 나타나고, '하인과 하녀를 대령하라!'고 하면, 수십 명의 하인과 하녀가 나타났으며, '금은보화와 맛있는 음식'도 집 안에 가득 찼다. 이것은 현실에서는 불가능한 일들이 동화에서는 어떤 조건에서도 가능하다는 점을 보여주는 경이로운 장면이다.

이제 잉어 아내는 어부에게 두 번째 '금지'이자 과제를 부여한다. 즉, 잉어 아내는 집의 깊숙한 곳에 커다란 욕실을 마련하고 그곳에서 매일 목욕을 했다. 어부 아내는 남편에게 자기가 욕실에 들어가 목욕을 할 때는 절대로 엿봐서는 안 된다고 말했다. 그리고 만일 목욕하는 모습을 엿본다면 분명히 불행한 일이 생길 거라고 덧붙였다. '자신이 목욕하는 것을 보지 말라'는 잉어 아내의 금지와 과제부여가 한동안은 지켜지는 듯했다. 왜냐하면, 그동안에 어부와 잉어 아내 사이에 '어린 천사' 같은 아이들이 세 명이나 생겼기 때문이다. 하지만 전래동화 『선녀와 나무꾼』처럼 애가 넷이 될 때까지 선녀의 '날개옷'을 내주지 말라는 사슴의 금지이자 과제부여를 어겨서 선녀와 아이들을 하늘나라로 올라가게 한 나무꾼처럼, 어부는 큰 불행이 생기니 '목욕을 할 때에는 절대로 엿보지 말라'는 아내의 두 번째 '약속'이자 '금지'인

과제부여를 지키지 못한다. 다시 말해, 아이를 더 낳을 때까지가 아니라, 목욕할 때 보지 말라는 단순한 두 번째 '약속'이자 '금지'인 과제부여가 첫 번째와는 달리 위반되고 과제해결을 못하게 되는 것이다.

어느 날 어부는 잉어 아내가 목욕하는 모습을 보지 말라고 한 것이 너무나 궁금했고, 도저히 참을 수 없는 지경이 되었다. 그래서 어부는 욕실에 들어간 잉어 아내의 모습을 문밖에서 몰래 살짝 엿보았다. 그렇게 아름다운 여인의 모습이었던 아내가 커다란 잉어로 변하여 유유히 욕실 안을 헤엄치고 있는 게 아닌가? 그러나 어부가 엿보는 것을 눈치 챈 잉어 아내는 곧바로 욕실에서 나와서 슬픈 목소리로 일 년만 더 참았더라면 영원히 사람이 될 수 있었는데, 이제 우리의 인연도 이것으로 끝났다고 말했다. 그러고 나서 잉어 아내는 어부가 보는 가운데 하늘나라로 올라갔다. "일 년 동안만 제 부탁을 들어주셨으면 저는 영영 사람이 될 수 있었습니다."라는 잉어 아내의 고백에서 아무리 뛰어난 미모와 마술 능력을 가지고 있을지라도 저승 존재보다는 이승 존재가 더 좋다는 선조들의 지혜와 사상思想이 함축적으로 표현된 것이라 할 수 있다. 이런 사상은 전래동화 『구미호』에서도 잘 나타나 있지 않은가? 꼬리가 아홉이나 되는 천년 묵은 여우인 구미호가 요염한 여자, 절세가인絕世佳人 등으로 자유롭게 변신할 수 있으며, 남자를 홀리고 간肝을 빼먹는데, 그 이유는 단 하나 사람이 되고 싶은 것이다. 따라서 우리는 사람으로 태어난 것에 대해 감사해야 하며, 왈가불가하거나 뒤죽박죽되거나 이리저리 살아도 그저 '이승이 저승보다 낫다'는 마음으로 살아가자는 격언적 외침이 동화 속에 숨어 있다고 하겠다.

더욱이 용궁 출신인 잉어 아내가 바다나라로 들어가지 않고 하늘나라로 올라가는 게 이채롭다. 그것은 시집을 간 딸이 어떤 일이 있어도 시집귀신이 되어야 한다는 집단적 무의식에 자리 잡은 원형에 따른 조치措置라고 할 수 있다. 다시 말해, 이혼한 여자가 친정으로 돌아가서 친정아버지의 근심이 되기보다는 친정도 시댁도 아닌 제3의 장소를 선택하는 일과 같은 것이라고 말할 수 있다. 하늘과 땅과 바다, 이 삼차원의 공간이 동화에서는 일차원처럼 느껴지는 것이며, 너무나 쉽고 자유롭게 공간이동空間移動을 하는 것이다. 인간 정신마음, 심리의 의식과 전의식과 무의식, 곧 이드와 에고와 슈퍼에고가 하나의 정신에서 공존共存하듯이, 그렇게 동화 안에서 세 가지 차원이 하나의 차원으로 조화를 이루는 것이다.

결국 잉어 아내가 하늘나라로 사라져 버리자, 대궐 같은 커다란 집도, 화려한 살림살이 도구도, 수십 명의 하녀와 하인들도, 그리고 세 명의 아이들도 물거품처럼 눈앞에서 사라졌다. 어부는 다시 원래대로 가난한 어부로 돌아간 것이다. 셰익스피어의 희극喜劇 『한여름 밤의 꿈』에서 여주인공 헤르미아가 아버지의 뜻대로 결혼하지 않으면 사형이라는 아테네의 법이 통하지 않는 곳으로 도망치듯이, 하늘나라로 도망친 아내를 향해 애타게 울부짖지만, 그 외침은 공허한 메아리가 되어 돌아올 뿐이다. 어부는 부부 사이의 근간인 약속을 지키지 않은 벌罰로 동화 시작에서 묘사된 가난한 오막살이 외에 모든 것을 한순간에 잃어버린다. 정말 한여름 밤의 꿈처럼 찰나적인 순간의 행복을 맛본 뒤 다시금 원래 자리로 돌아오는, 곧 '공수래공수거空手來空手去'의 인생무상人生無常과 삶의 회의懷疑를 맛보면서 외롭게 살아가는 것이다. 따라서 부부 사이이든, 부모와 자식 사이이든, 친구 사이이든, 선후배 사이이든, 사제지간이든 모든 대인관계에서 약속이 얼마나 중요한 개념인지를 전래동화 『어부와 잉어 아내』는 교훈으로 제시하는 것이다.

12.

욕심쟁이 할머니

『욕심쟁이 할머니』

옛날 어느 바닷가 오두막에 노부부가 살고 있었다. 할아버지는 바다에 나가 물고기를 잡는 어부였고, 할머니는 욕심은 많지만 그냥저냥 할아버지가 잡아오는 물고기로 살림을 꾸려나가는 가난한 부부였다. 그럼에도 불구하고 노부부는 서로 의지하며 하루하루를 행복하게 보내고 있었다.

하루는 할아버지가 바다에 나가 어제 쳐놓은 그물을 들어 올렸더니, 커다란 잉어 한 마리가 거기에 걸려 있었다. 할아버지가 팔뚝만 한 큰 잉어를 두 손으로 잡으려고 하자, 잉어는 눈물을 뚝뚝 흘리면서 자기가 용왕의 아들이니 제발 살려 달라고 애원을 했다. 마음씨 착한 할아버지는 잉어가 눈물을 흘리면서 살려 달라고 하자, 바로 그물에서 그 물고기를 놓아주었다.

빈손으로 집에 돌아온 할아버지를 할머니는 아무것도 잡아오지 않았으니 뭘 먹느냐고 나무랐다. 그러자 할아버지는 할머니에게 오늘 있었던 일을 여차저차 얘기해 줬다. 할머니는 매우 아쉬워하면서 할아버지에게 내일 아침 일찍이 바다로 나가 놓아준 물고기에게 목숨을 살려 줬으니 기와집 한 채를 달라고 요구하라고 했다. 그래서 할아버지는 다음 날 아침 동이 트자마자 바로 바닷가로 나가서 어제 잡았다가 놓아준 그 잉어를 불렀고, 할아버지의 목소리를 알아들은 잉어는 금방 곁으로 와서 필요한 게 있으면 말하라고 했다.

할아버지는 잉어에게 오두막집을 기와집으로 바꿔달라고 요구했고, 잉어는 흔쾌히 집에 가보면 그렇게 되었을 거라고 말했다. 정말로 할아버지가 집에 와보니 오두막이 있던 자리에 커다란 기와집이 들어서 있었다. 문 앞에서 할머니가 싱글벙글거리면서 할아버지를 반갑게 맞이했다.

며칠이 지나자 할머니는 할아버지에게 다시 한 번 물고기에게 가서 기와집 안에 들어갈 살림살이들을 마련해 달라고 요구하라고 했다. 하긴 오두막에서 기와집으로 몇 배의 크기로 집이 커졌지만 세간붙이는 고작 오두막에서 쓰던 게 전부였으니 욕심 많은 할머니가 기와집에 맞는 살림살이를 요구하는 게 당연하지 않은가? 할아버지는 마음이 내키지 않았지만 할머니의 성화를 견딜 수 없어 바닷가로 가서 잉어를 불렀다. 이번에도 잉어는 할아버지의 요구를 기꺼이 들어주었다. 집으로 돌아온 할아버지를 온갖 세간붙이를 보고 기뻐하는 할머니가 반갑게 맞이했다.

또다시 며칠이 지나자 욕심쟁이 할머니는 할아버지에게 이번이 마지막이니 잉어에게 가서 하녀와 하인을 각각 한 명씩만 보내달라고 요구하라고 졸라댔다. 할아버지는 정말 내키지 않았지만 하는 수 없이 잉어에게 가서 요구했고, 이 말을 들은 잉어는 이번에는 아무 대답 없이 물속으로 사라졌다. 할아버지가 집으로 돌아와 보니 기와집도, 세간붙이도 다 없어졌고, 예전의 초라한 오두막집 문 앞에서 남루한 옷을 입은 할머니가 앉아서 울고 있었다.

전래동화 『욕심쟁이 할머니』는 제목에서 알 수 있듯이 '지나친 욕심이 화를 불러온다'는 격언格言과 잘 결부된 교훈적이고 환상적인 이야기이다.

동화 주인공 할아버지는 어부漁夫이고, 할머니는 가정주부이다. 선남선녀는 아니지만, 두 노부부는 매우 가난하게 살아왔고, 평생 자식도 없이 외롭게 살면서도 이유야 어떻든지 서로를 의지하고 살아온 평범한 부부이다. 바닷가 오두막에서 '안빈낙도安貧樂道'하면서 살던 노부부에게 동화 제목에서 언급한 '욕심慾心'이 생긴 것은 커다란 잉어를 잡고난 뒤부터이다. 즉, 할아버지가 바다에 나가 쳐놓은 그물을 들어 올렸더니, 커다란 잉어 한 마리가 거기에 걸려 있었다. 할아버지가 팔뚝만 한 큰 잉어를 두 손으로 잡으려고 하자, 잉어는 눈물을 뚝뚝 흘리면서 자기가 용왕의 아들이니 제발 살려 달라고 애원을 했다.

용궁에 살던 용왕의 아들이 어른 팔뚝만 한 잉어로 바다에서 환생幻生했으니, 이 얼마나 놀라운 일인가? "그것 참 안 됐구나!"라고 그물에 걸린 잉어를 동정하는 할아버지의 말에서 그가 착하고 동정심 많은 어부라는 점을 쉽게 알 수 있다. 즉, 욕심과는 거리가 있는 소박한 늙은이라는 뜻이다. 그럼에도 불구하고, 세 번에 거친 할머니의 욕심 많은 요구에 순응할 수밖에 없는 우유부단한 늙은이이기도 하다. 그 첫 번째로 할머니는 할아버지에게 내일 아침 일찍이 바다로 나가 놓아준 물고기에게 목숨을 살려줬으니 기와집 한 채를 달라고 요구하라고 했다. 즉, 욕심 많은 할머니의 첫 번째 요구는 '큰 기와집 한 채를 달라'는 것이다. 욕심은 배고픔Hunger, 성충동Sexualtrieb, 성욕, 질투Neid, 미움Hass, 흥분Affekt 등과 같이 세상Umwelt에서 비롯된 '자극Reiz(매력, 유혹, 흥분)'으로서 '본능적인 욕구, 욕망Bedürfnis'을 의미한다. 적어도 육십 평생을 초라하기 그지없는 오두막집에서 살아왔던 할머니가 왜 이제 와서 그녀의 무의식 속에 잠재되어 있던 욕심이라는 본능적 에너지를 발산하는 걸까? 물론 동화의 일정한 줄거리의 진행의 성취를 위해 할머니는 자신의 주어진 역할을 하는 것이지만, 그동안 가난 때문에 금전적으로 무능력한 할아버지를 꽤나 무시하면서 살아왔다는 것을 헤아릴 수 있다.

오늘날도 마찬가지이다. 예를 하나 들면, 가장家長이 경제적인 어려움에 처해 근근이 살아왔는데, 갑자기 어디서 로또에 당첨되어 많은 돈이 생겼다고 하자. 그는 가난하지만 입에 풀칠을 하는 자기보다 더 불쌍한 사람들을 위해 그 돈을 썼다면, 그의 아내는 동화의 욕심 많은 할머니처럼 바가지를 긁고, 그 돈을 찾아오라고 할까? 아니면, "그래요, 우리보다 더 못사는 사람들을 도왔다니, 정말 잘했어요."라고 할까? 여러분은 어떤 선택을 할 것인가요?

현실에서 돈에 대한 욕심이 없는 사람은 없을 것이다. 부자는 더 많이 가지려고 하고, 가난한 자는 제발 가난에서 벗어나게 돈벼락 좀 맞자고 할 것이 불 보듯 뻔하지 않겠는가? 다시 말해, 돈 또는 물질에 대한 욕심은 인간 정신마음, 심리의 '리비도Libido(본능적 에너지, 성욕,

성충동)'와 같은 본능적 욕망이기 때문에, 그것을 잘 조절하고 감시할 수 있는 자아와 초자아의 이성적·도덕적 에너지가 필요한 것이다.

아무튼 할아버지는 잉어에게 오두막집을 기와집으로 바꿔달라고 요구했고, 잉어는 흔쾌히 집에 가보면 그렇게 되었을 거라고 말했다. 정말로 할아버지가집에 와보니 오두막이 있던 자리에 커다란 기와집이 들어서 있었다. 동화는 소원성취所願成就의 소산물所産物이기 때문에 할아버지가 소원하는 고래 등 같은 기와집이 단번에 용왕의 아들인 잉어에 의해 성취되는 것이다. 그림 동화 「어부와 그의 아내에 대하여」에서는 아내의 요구를 어부가 잡았다가 놔준 '넙치'에게 자신의 소원이 아니라 아내의 소원으로 전달하는 반면에, 우리나라동화 『욕심쟁이 할머니』에서는 할머니의 욕심 많은 소원을 감춘 채, 할아버지가 자신의 소원인 양 요구한다. 이것은 동·서양의 문화적 차이라고 할 수 있다. 즉, 서양에서는 남녀평등男女平等과 개인존중個人尊重 사상이 동양보다 강한 사회이기 때문에, 아내가 요구하는 것을 숨기지 않고 직접 전달하는 반면에, 우리나라에서는 남존여비男尊女卑의 사상과 가부장적 사회 특성이 아내의 소원을 은폐하고 자신의 소원인 양 요구하는 것이다.

사실 나이를 먹을수록 욕심은 줄어들기 마련이다. 좋게 생각하면, 늙은 사람이 욕심이 있고, 뭔가를 하려고 한다는 것은 긍정적인 현상現象이라고 할 수 있다. 요즘처럼 100세 시대에는 더욱 실버세대가 욕심도 부리고, 새로운 도전을 시도할 것을 권면勸勉하는 게 좋다. 소위 '치매癡呆'라는 노인정신병은 뇌의 노화로 인하여 기억력과 이해력이 무뎌지고, 비이성적인 행동을 하게 되는 현상을 말한다. 인간이 나이를 먹으면 피해 갈 수 없는 노인병老人病으로서 처음 증상에는 최근의 기억을 잃어버리고, 판단력과 추상적인 추론推論 같은 고도의 지적知的 기능機能

을 상실하게 되며, 그다음에는 기억상실記憶喪失이 더욱 심해져 장소와 시간 감각感覺을 잃어버리게 된다. 때로는 감정이 불안정不安定해질 수도 있고, 정신뿐만 아니라 육체도 퇴화退化하며, 결국에는 조리條理 있게 말하는 능력조차 잃어버리는 상태가 된다.

전래동화 『욕심쟁이 할머니』에서는 다행이 두 주인공이 노인네이지만, 육체적으로나 정신적으로 건강하다. 그 이유는 할아버지가 어부로서 바닷가를 돌아다니고, 물고기들을 잡으려고 끊임없이 몸을 움직이고 그물 놀 자리를 연구하는 등 뇌 운동을 활발히 했기 때문이다. 할머니 또한 집에서 살림하는 주부이지만, 잡아온 물고기를 요리하고 살림살이를 함으로써 육체적인 움직임을 가졌을 뿐만 아니라, 무엇보다도 정신적인 욕심이 가득 차서 기억과 감정이 활발하게 뇌 운동을 자극하기 때문에 건강한 삶을 살고 있는 것이다.

이것이 동화를 통한 노인정신병을 치료할 수 있는 방법이다. 다시 말해, 노인병에 걸린 실버세대들에게 동화를 다시 읽히거나 들려주어, 잠재의식 속에 남아 있는 동심童心을 일깨우고, 동화 주인공처럼 욕심도 부리고, 끝이 아니라 또 다른 시작을 할 수 있다는 자신감自信感과 비전을 제시하는 일이 동화치료童話治療라는 말이다. 물론 가장 좋은 방법은 이미 노인정신병이 심하게 진행된 사람보다는 초기 증세에 있는 자 또는 별다른 증세가 없는 자에게 예방을 하는 차원에서 미리 동화를 읽거나 구연口演하거나 동화극童話劇에 직접 참여케 함으로써 동화 힐링과 동화 테라피를 하자는 것이다.

어쨌든 전래동화 『욕심쟁이 할머니』는 심신心身이 병에 걸린 남녀노소男女老少를 불문하고 유익한 동화치료 교재이며, 특히 실버세대에게 유익한 동화 힐링과 동화 테라피의 좋은 자료라고 하겠다.

오두막이 있던 자리에 커다란 기와집이 들어섰으니, 욕심쟁이 할머니는 너무 기뻐서 문 앞에서 싱글벙글거리면서 할아버지를 반갑게 맞이하지 않겠는가? 다시 말해, 욕심 많은 할머니의 소원을 어부 남편이 잉어에게 전해서 성취를 했으니, 어찌 웃으면서 소원성취의 기쁨을 남편에게 표현하지 않겠는가 말이다. 사실 웃음을 유발하는 기쁨은 더할 나위 없이 좋은 치료제이다. 웃음은 스트레스를 진정시키고, 혈압을 낮추며, 혈액순환을 개선하고, 면역체계와 소화기관을 안정시킨다고 하니, 이 얼마나 좋은 힐링 방법인가?

더욱이 조그만 오두막에서 평생 살아오다가 커다란 기와집을 얻게 되었으니, 행복한 웃음이 저절로 나오지 않겠는가? 그러나 할머니의 욕심은 여기서 끝나지 않는다. 욕심쟁이 할머니는 할아버지에게 다시 한 번 물고기에게 가서 기와집 안에 들어갈 살림살이들을 마련해 달라고 요구하라고 했다. 하긴 오두막에서 기와집으로 몇 배의 크기로 집이 커졌지만 세간붙이는 고작 오두막에서 쓰던 게 전부였으니 욕심 많은 할머니가 기와집에 맞는 살림살이를 요구하는 게 당연하지 않은가? 즉, 욕심 많은 할머니의 두 번째 요구는 '집에 어울리는 세간붙이를 장만해 달라'는 것이다. 망설이는 남편에게 할머니는 '잡은 잉어를 그냥 풀어 주어 죽을 목숨을 살려 주었는데'라고 말하면서, 잉어의 목숨을 대가로 두 번째 욕심을 채우려 한다. 이런 할머니의 모습은 전형적인 '리비도Libido(본능적 에너지, 성욕, 성충동)'의 확장으로 인한 쾌락충동의 몰입을 의미한다. 일반적으로 나이를 먹을수록 이드에서 벗어나 자아나 초자아의 상태로 살아가기 마련인데, 역설적으로 욕심쟁이 할머니는 아직도 이드의 세계에서 벗어나지 못하는 것이다.

이번에도 잉어는 할아버지의 요구를 기꺼이 들어주었다. 역시 두 번째 소원도 할아버지는 할머니의 요구가 아니라 본인의 소원인 양, 위장僞裝한다. 할아버지는 '체면體面'을 운운云云하면서도 기와집에 잘 어울리는 좋은 세간붙이를 장만해 달라고 요구한다. 욕심 많은 할머니보다는 나이 먹은 자者답게 이드보다 자아와 초자아에 매어서 사는 존재이기에 젊잖게 할머니의 요구를 전달하는 것이라고 할 수 있다. 늘 그랬듯이 조력자이자 용왕의 아들인 잉어의 과제해결은 즉시 성취된다.

집 안 구석구석 빠짐없이 필요한 세간붙이가 가득 놓여 있으니, 그 기쁨이 첫 번째 과제해결보다 훨씬 크다는 것을 쉽게 알 수 있다. 할아버지와 할머니는 며칠 사이에 잉어의 보상으로 큰 부자가 된 것이다. 여기서 할머니의 욕심이 정점을 이루며, 행복한 노후의 마무리를 기대케 한다. 그럼에도 불구하고 욕심 많은 할머니는 세 번째 요구, 곧 '집안일 돌볼 하녀와 하인 각각 한 명씩만 보내 달라'고 할아버지에게 졸라댄다. 사실 나이 많은 할머니가 대궐같이 큰 집을 관리하고 살림하기는 상식적으로 어려움이 있다. 왜 잉어는 이왕 도와주는 김에 한꺼번에 알아서 큰 집과 세간붙이 그리고 그것들을 돌보고 관리할 하녀와 하인을 같이 보내 주지 않는 거냐고 반문할는지 모른다. 그러나 정해진 동화 줄거리의 성취가 매우 중요하기 때문에, 그 줄거리 성취를 위해 세 번으로 나누어서 사건을 진행시키는 것이다.

두 번의 요구에 기꺼이 소원성취를 이루어 줬던 잉어가 세 번째 소원에서는 아무 대답 없이 물속으로 사라진다. 잉어는 더 이상 무리한 요구에 반응하지 않고 바닷속으로 사라지는 것이다. 그래서 할아버지가 집으로 돌아와 보니 기와집도, 세간붙이도 다 없어졌고, 예전처럼 초라한 오두막집 문 앞에서 남루한 옷을 입은 할머니가 앉아서 울고 있었다.

'과유불급過猶不及', 곧 '정도가 지나치면 미치지 못한 것과 같다'고 했듯이, 욕심쟁이 할머니의 지나친 욕심은 화를 불러일으키는 결과를 초래했다고 말할 수 있다. 어떻게 보면, '일장춘몽一場春夢'의 달콤한 꿈을 꾼 것 같은 두 노부부의 해프닝은 인간 세상의 덧없음을 일깨우게 한다. 예전의 남루한 옷차림으로 오두막집 앞에서 엉엉 울고 있는 할머니의 모습은 무의식적인 꿈에서 깨어난 자아의 깨달음이다. 인생은 포물선이기에, '생사화복生死禍福'과 '희로애락喜怒哀樂'이 교차하는 삶을 사는 것이다. 노부부가 그래도 건강한 몸과 맑은 정신이 아직 남아 있기에, 보다 나은 삶을 위해 막연한 기대와 욕심이 아니라, 하루하루 세상 끝날까지 성실하게 주어진 환경에서 최선을 다하길 바랄 뿐이다.

13.

우렁이 각시

『우렁이 각시』

옛날 어느 마을에 성실하고 착하지만 장가를 못간 총각 농부가 살고 있었다. 그는 논을 갈고 볍씨를 뿌리면서 혼잣말로 "이렇게 논을 갈고 모를 심고 잘 키워서 가을에 추수하면 누구랑 같이 먹지?"라고 말했다. 그러자 어디선가 "나랑 먹고 살지"라는 말이 들렸다. 총각 농부는 깜짝 놀라서 주위를 두리번거렸는데, 우렁이 한 마리가 눈에 띌 뿐이었다. 총각 농부가 고개를 돌리려고 할 때, 우렁이가 '나를 집으로 데리고 가서 물 항아리 속에 넣어 달라'고 말했다. 그래서 농부는 그 말대로 우렁이를 부엌으로 들고 가서 물 항아리 속에 넣었다.

다음 날 아침에 농부가 일어나서 아침을 해 먹으려고 부엌으로 나가니, 부뚜막 위에 이미 밥상이 차려져 있었다. 이상하게 여겼지만 총각은 맛있게 먹고 일하러 나갔다.

저녁에 농부가 다시 집으로 돌아오니 이번에는 집 안도 말끔히 치워져 있었고, 저녁상이 방 안에 차려져 있었다. 총각은 이상하게 생각하면서도 은근히 기분이 좋았다. 잠자리에 들면서 총각은 마음속으로 내일 아침에는 새벽에 일어나서 누가 부엌에서 밥을 지었는지 꼭 알아봐야겠다고 결심했다.

설렘에 잠 못 이룬 총각은 일찍 일어나서 방문 틈으로 부엌을 엿보고 있었다. 그때 우렁이가 물 항아리에서 나와 예쁜 아가씨로 변신한 뒤, 아침상을 차리고 있었다. 그 순간 총각이 방에서 나와 처녀의 손을 덥석 붙잡았다. 매우 당황한 처녀는 자신이 용왕의 딸인데 말을 안 들어서 벌을 받아 우렁이가 되어 지상나라로 쫓겨났으며 이제 3일만 지나면 사람이 될 수 있다고 말했다.

3일이 지나자 우렁이는 세상에서 가장 아름다운 여인으로 변했고, 총각 농부와 결혼했다. 총각 농부와 우렁이 각시는 알콩달콩 행복하게 신혼생활을 즐기고 있었다.

그러던 어느 날 그 나라 임금이 사냥을 나왔다가 우연히 우렁이 각시를 보게 되었고, 그 아름다운 자태에 첫눈에 반했다. 아무리 임금이지만 이미 결혼한 우렁이 각시를 강제로 후궁으로 들일 수는 없었다. 그래서 임금은 그녀의 남편인 농부와 내기를 했다. 첫 번째 내기는 산에 나무 빨리 심기였다. 임금은 부하들을 풀어서 나무를 심었고, 농부는 우렁이 각시의 아버지인 용왕이 선사한 호로병에서 나온 작은 사람들을 풀어서 나무를 심었다. 결과는 농부의 승리였다.

두 번째 내기는 말타기 시합이었다. 여기서도 농부는 우렁이 각시의 아버지가 선사한 천리마를 타고 쉽게 임금을 이길 수 있었다.

이제 마지막 세 번째 내기로 임금은 배를 타고 강을 건너는 시합을 제시했고, 결국 용왕이 선사한 조각배를 탄 농부가 임금의 배보다 훨씬 빨랐으며, 경기 중에 임금의 배는 폭풍이 몰아쳐서 가라 앉아 버렸다. 농부가 이겼고, 임금은 배와 함께 강에 빠져 죽었다.

처음부터 끝까지 시합을 구경했던 백성들과 신하들은 농부를 하늘이 내리신 임금이라 생각했고, 그 나라의 새로운 임금으로 모셨다. 그리하여 새 임금과 우렁이 각시는 궁궐에서 행복하게 잘 살았다.

전래동화 『우렁이 각시』는 농사일을 하는 총각의 내적 인격인 아니마Anima (남성의 마음속에 있는 여성상)가 우렁이 색시로 표출된 유명한 이야기이다. 동화 제목은 『우렁이 각시』, 『우렁이 색시』, 『우렁각시』 등 버전에 따라 약간씩 달리 표기되고 있지만, 동화 내용은 크게 다르지 않다. 동화 제목에서 '우렁이 각시'가 언급되듯이 총각의 무의식 속에 잠재된 여성에 대한 상징象徵이 그대로 제목으로 노출된 것이다. 즉, 우렁이 각시와 총각은 둘인 것 같지만 하나이며, 그 여성적 무의식적 인격체를 의식화하여 대극합일對極合一의 기쁨으로 승화시키려는 소망所望을 동화로 표현한 것이다.

왜냐하면, 우렁이 각시는 실제의 인물이 아니라 가상假想의 존재로서 혼자 사는 젊은 농부의 아니마로 동화에 등장하기 때문이다. 즉, 동화의 서두문에서 성실하고 착하지만 장가를 못 간 총각 농부가 소개되며, 그가 논을 갈고 볍씨를 뿌리면서 혼잣말로 "이렇게 논을 갈고 모를 심고 잘 키워서 가을에 추수하면 누구랑 같이 먹지?"라고 말했을 때, 우렁이 한 마리가 "나랑 먹고살지"라는 말로 화답하기 때문이다. 다시 말해, 동화 주인공 총각은 천애고아天涯孤兒의 농부이며, 그가 한탄하면서 "이 논을 갈아서 모를 심어 거두면 누구하고 같이 먹고사나"라고 푸념하자, 곧 우렁이 색시가 "나랑 먹고살지"라고 화답和答한다. 총각은 사람이 아닌 우렁이가 대답한 것에 대해 깜짝 놀란다. 사실 우렁이는 논이나 연못처럼 물이 어느 정도 있어야 살 수 있는 생물이다. 그러나 다른 동화 버전에서는 '밭을 갈아서 곡식'을 심고 거둔다는 식으로 논이 아닌 밭에 대해 언급한다. 물론 밭을 갈아 업고 물을 대면 논이 되니 그런 표현이 가능하다고 할 수 있다. 아무튼 혼자 외롭게 살면서 농사를 짓는 총각에게 우렁이의 의인화擬人化는 무의식 속에 내재된 여성상이 예쁜 여자로 변신되길 기대하는 마음의 표출이라고 할 수 있다.

혹시 여러분은 밖에서 우연히 임자 없는 동물이나 식물을 발견하고는, 집으로 가져와서 자기 방에 숨겨 놓고 은밀히 대화對話의 상대로 삼거나 매우 소중한 존재로 인식하고 애지중지愛之重之한 적은 없나요? 아니 대놓고 애완동물愛玩動物을 키우면서 비슷한 의미부여意味附與를 한 적은 없나요? 자식들을 다 키우고, 적적해서 애완동물을 키우는 노인들도 그들이 키우는 동식물을 마치 자식이나 친구나 연인처럼 느끼면서 외로움을 달래고, 마음의 위로와 평안을 받는다고 얘기하는 건 뭘까요? 그것은 바로 인간에게서 겪었던 수많은 실망과 두려움, 고통과 슬픔이 의식과 무의식의 경계에 자리 잡고 있는 전의식에 남아 있기에 애완동식물을 통해 대리만족을 맛보고, 절대복종을 만끽하고 싶은 리비도의 표출이라고 말할 수 있다. 요즘에는 애완동물이라는 말 대신에 반려동물이라는 말을 쓴다고 하니, 인생의 반려자로서 인간보다 동식물을 선택하는 세태가 씁쓸하기만 하다.

아무튼 동화 주인공 총각은 말하는 우렁이를, 그녀가 원하는 대로 집으로 데려와 물 항아리에 넣는다. 아침에 농부가 일어나서 아침을 해먹으려고 부엌으로 나가니, 부뚜막 위에 이미 밥상이 차려 있었고, 이상하게 여겼지만 총각은 맛있게 먹고 일하러 나갔다. 여기서 '물 항아리'는 생명生命의 장소로서 우렁이가 각시로 살아갈 수 있는 보금자리의 상징이다. 만약에 총각이 우렁이를 무심코 맨바닥이나 맨땅에 내려놨다면, 동화 줄거리는 진행되지 않거나 다른 우렁이가 재등장하여 다시 전개될 것이다. 하지만 총각은 애완동식물을 속성에 따라 보금자리를 만들어 줘서 애지중지 키우는 뭇 사람들처럼, 그렇게 생명의 근원인 물이 들어 있는 항아리에 우렁이의 보금자리를 만들어 준 것이다.

우렁이는 그에 대해 보답이라도 하듯이 밥상을 차린다. 밥은 '의식주衣食住'에서 가장 기본이 되는 개념概念으로서 역시 생명유지生命維持의 수단이자, 매개체媒介體이다. 그 밥을 기본으로 반찬과 함께 차려진 '밥상'은 동화의 가베Gabe(주어진 물건, 하사품, 선물)로서 두 주인공을 연결시켜 주는 역할을 한다. 즉, 음식을 통해 총각의 본능적인 욕구와 쾌락이 의식화되며, 먹는 문제의 해결을 통해 기분이 업up되는 것이다.

혼자 사는 총각이 밖에 나가 일할 때, 누군가 집에서 끼니때마다 음식을 차려준다면 얼마나 좋으며, 힘이 나겠는가? 그것이 내조內助이며, 그 일을 우렁이가 행行하는 것이다. 저녁에 농부가 다시 집으로 돌아오니 이번에는 집 안도 말끔히 치워져 있었고, 저녁상이 방 안에 차려져 있었다. 총각은 이상하게 생각하면서도 은근히 기분이 좋았다. 잠자리에 들면서 총각은 마음속으로 내일 아침에는 새벽에 일어나서 누가 부엌에서 밥을 지었는지 꼭 알아봐야겠다고 결심했고, 설렘에 잠 못 이룬 총각은 일찍 일어나서 방문 틈으로 부엌을 엿보고 있었다. 그때 우렁이가 물 항아리에서 나와 예쁜 아가씨로 변신한 뒤, 아침상을 차리고 있었다. 그 순간 총각이 방에서 나와 처녀의 손을 덥석 붙잡았다. 매우 당황한 처녀는 자신이 용왕의 딸인데 말을 안 들어서 벌을 받아 우렁이가 되어 지상나라로 쫓겨났으며 이제 3일만 지나면 사람이 될 수 있다고 말했다.

앞에서 살펴본 전래동화 『어부와 잉어 아내』처럼 우렁이도 용왕의 딸로 묘사된다. 물이 생명의 근원根源이듯이, 잉어와 우렁이는 물에서 잉태한 생물답게 용궁의 공주로 서술되는 것이다. 다른 점이 있다면, 잉어는 용왕의 의도意圖대로 어부의 아내가 되는 반면에, 우렁이는 용왕의 노여움을 사서 세상世上으로 쫓겨난 뒤, 총각 농부의 색시가 되는 것이다. 그러나 두 여주인공들은 저승의 존재로서 이승의 존재보다 훨씬 더 아름답고 착하다. 이러한 동화여주인공이 바로 인간의 집단적 무의식에 자리 잡은 원형原型으로서 아름다운 여인상女人像을 상징하는 것이다.

세상여인과는 다른 너무나 예쁜 색시였기에 총각은 기일을 기다리지 못하고 우렁이를 각시로 맞아들인다. 즉, 총각 농부가 우렁이를 색시로 맞아들여 첫날밤을 보냈다는 것은 총각의 의식과 무의식의 통일을 의미하며, 나아가 너와 나, 곧 남男과 여女가 하나의 전체를 이루는 전일全一의 상징, 대극합일의 상징을 표현하는 것이다. 이것이 '자기원형Archetypus des Selbst'을 의미하는데, 모든 사람의 무의식 속에서 자기원형이 작동될 때, 의식의 일방성이 자율적으로 보상되고 개체로 하여금 통일된 전체를 실현케 하는 핵심적인 능력을 갖게 하는 것이다. 그래서 모든 정신적마음적, 심리적 갈등과 해리解離, 의식과 무의식의 단절과 해소를 통한 치유치료의 능력이 자기원형自己原型의 작용으로 비로소 성취되는 것이다.

동화 줄거리 진행에 있어서 3일이 지나야 사람이 될 수 있는데, 3일 동안 인내하며 우렁이가 여인으로 변한 후 아내로 맞이했다는 뜻은 행복한 사건진행전개事件進行展開를 선취하는 것이다. 그래서 3일이 지나자 우렁이는 세상에서 가장 아름다운 여인으로 변했고, 총각 농부와 결혼했다. 두 사람이 첫날밤을 치렀다는 것은, 곧 총각과 우렁이 각시가 한 몸과 한마음이 되고 난 뒤에 온전한 사람이 되었다는 것을 의미한다.

여기서 동화가 끝나도 무방하다. 일반적으로 선남선녀가 주인공으로 등장하는 동화의 결말이 늘 '행복한 결혼'과 '행복한 삶'으로 끝나기 때문이다. 그러나 전래동화 『우렁이 각시』에서는 후반부의 사건진행이 덧붙여진다. 즉, 단순히 결혼으로 두 남녀 주인공의 마지막을 묘사하는 것보다는 훨씬 더 커다란 카타르시스를 맛보게 하기 위해 동화 줄거리에서 없어서는 안 되는 '결핍 상황' 또는 '위기 상황'이 서술되는 것이다. 그래서 어느 날 그 나라 임금이 사냥을 나왔다가 우연히 우렁이 각시를 보게 되었고, 그 아름다운 자태에 첫눈에 반한다. 아무리 임금이지만 이미 결혼한 우렁이 각시를 강제로 후궁으로 들일 수는 없었고, 임금은 그녀의 남편인 농부와 내기를 한다.

다시 말해, 임금이 적수이자 가해자로서 등장하여 행복하게 살고 있는 젊은 부부에게 내기를 요구한다. 실제로 임금이면 세상에서 원하는 모든 것을 가지고 있고, 또 무엇이든지 행할 수 있는 최고 권력자인데, 왜 하필 우렁이 각시에게 필feel이 꽂혔을까? 앞에서도 얘기했지만, 우렁이 각시는 세상여인과는 다른 매우 예쁘고 매력적인 여인이라 임금의 마음이 그녀에게 향할 수밖에 없었다고 말할 수 있다. 그나마 다행인 것은 임금이 절대 권력을 이용하여 우렁이 각시를 강제로 빼앗지는 않는다는 점이지만, 총각이 결코 이길 수 없는 형식적인 내기를 통해 그의 아내를 취하려는 음흉한 수작이 숨겨져 있다고 하겠다.

'나무 빨리 심기 시합'이 임금과 젊은 농부의 첫 번째 내기로서 일회성으로 끝나는 게 아니다. 그 시합은 동화의 특성답게 세 번 지속되어야 한다. 즉, 첫 번째는 '나무 빨리 심기 시합', 두 번째는 '말타기 시합', 세 번째는 '배를 타고 강을 건너는 시합'이 그것이다. 물론 임금은 첫 번째 시합에서 당연히 자기가 이겨서 우렁이 각시를 취할 줄 알았지만, 동화 주인공인 총각을 결코 이겨낼 수 없다. 왜냐하면, 동화 줄거리는 주인공을 중심으로 진행되고 성취되기 때문이다. 임금이 이길 때까지 내기는 계속되어야 하며, 흔한 말로 '둘 중에 하나는 죽어야 끝나는 게임'이다.

오늘날도 이와 같이 남의 떡이 커 보이고, 마치 절대 권력자인 양, 타인의 것을 탐하는 존재들이 많이 있다. 그러한 존재들의 정신세계는 여전히 이드에 사로잡혀서 성충동Sexualtrieb, 성욕, 질투Neid, 미움Hass, 흥분Affekt 등의 본능적 쾌락만을 추구하는 어리석은 자이거나, 무의식적 욕망 에너지가 과도해서 이성과 양심을 잃어버린 파렴치破廉恥한 자라고 할 수 있다. 세상에 살면서 그러한 존재들이 탐관오리貪官汚吏나 부정축재자不正蓄財者로서 언제까지나 원하는 대로 잘살 것 같지만, 그렇지 않다. 문제問題는 본인들이 심각한 정신병精神病에 걸렸다는 사실을 망각妄覺하고, 그렇게 자신을 바라보는 다수를 이상한 자로 매도하는 데 있다. 더 늦기 전에 이들이 제정신으로 돌아오도록 동화치료를 해야 한다. 특히 그들이 어렸을 때 즐겨 읽어서 뇌의 한구석에 남아 있을 『우렁이 각시』의 내용을 일깨움으로써 동심을 자극하여, 이제라도 더 늦기 전에 정신마음, 심리치료를 하고 세상을 마무리하도록 유도誘導해야 한다.

동화의 첫 번째 시합에서 근심에 싸인 남편에게 우렁이 각시는 시합에서 이기는 방법을 가르쳐 준다. 즉, 첫 번째 내기는 산에 나무 빨리 심기였는데, 임금은 부하들을 풀어서 나무를 심었고, 농부는 우렁이 각시가 얘기해 준대로 그녀의 아버지인 용왕을 찾아가서 선물 받은 '호로병'에서 나온 작은 사람들을 풀어서 나무를 심어 승리한다.

다시 말해, 우렁이 색시는 용왕의 딸로서 부친의 말을 안 들어서 용궁에서 쫓겨났지만, 용왕은 사위를 반갑게 맞이할 뿐만 아니라, 시합에서 이길 수 있는 '호로병'을 선사한다. 세상의 아버지는 다 이러한 모습이다. 아무리 자식이 잘못했다고 해서 야단을 치고 나무라고 심지어 '우렁이'로 변신시키기도 했지만, 눈에 넣어도 아프지 않을 자식에게 그런 짓을 한 것을 곧 후회하고, 한시바삐 집으로 돌아오기를 바라는 마음이라는 것이다.

심지어 우렁이 각시가 만들어 농부에게 준 편지 달린 가락지는 바다가 양쪽으로 갈라지게 하는 놀라운 능력을 행하는 가베(하사품, 선물, 주어진 물건)이다. 물론 용왕이 선물한 '호로병'도 마찬가지다. 이러한 초능력을 행하는 도구들이 동화의 소품으로서 과제해결을 위해, 정해진 동화 줄거리를 성취하게 하기 위해, 등장인물들을 연결시키기 위해 한 번 또는 세 번, 길어야 일곱 번 사용된 후에는 줄거리 선상에서 사라지는 특성이 있다. 더욱이 저승 존재인 용왕은 이승 존재인 사위를 기꺼이 인정하고, 시합에서 이길 것과, 딸을 잘 데리고 살 것을 예언하고 부탁한다. 땅과 바다의 공간적 차이와, 이승 존재와 저승 존재의 구별을 느낄 수 없는 일차원성과 평면성이 전통적인 동화의 특성으로서 읽는 이로 하여금 줄거리에 빠지게 하는 효과가 있다.

상식적으로 생각하면, 임금과 젊은 농부의 시합인데, 두 사람보다는 수하의 부하들과 작은 사람들이 나무심기를 행한다. 동화의 세계는 초현실적이고 마법적인 세계이기 때문에 이러한 일이 가능한 것이며, 호로병에서 나온 사람들이 숫자적으로 더 많았기 때문에 이 내기에서 농부가 승리를 한다. 임금의 군사들이 수천 명이었는데, 호로병에 들어 있던 작은 사람들은 그 이상이었을 테니, 용왕의 호로병은 역시 경이로운 가베임이 증명되는 것이다. 또한 호로병에서 나온 작은 사람이 '어른'으로 변했다가 과제해결 뒤에는 다시 작은 사람으로 변하여 호로병 속으로 들어가는 '추상적 문제'의 특징이 나타나며, 동화의 환상성幻想性이 극대화되는 것을 의미한다. 더욱이 이 호로병은 동화 주인공이 필요한 시기에 알맞게 나타났다가 한 번 사용되고는 더 이상 언급되지 않은 채, 줄거리 선상에서 사라지는 것이다.

임금은 첫 번째 시합에서 패하자, 두 번째 시합을 제안한다. 두 번째 내기는 '말타기 시합'이었다. 이번에도 농부는 우렁이 각시의 아버지가 선사한 '천리마'를 타고 쉽게 임금을 이길 수 있었다. 다시 말해, 임금의 생떼로 '말타기 시합'이 두 번째 내기로서 젊은 농부에게 제시되는데, 실제로 말을 한 번도 탄 적이 없는 농부에게 우렁이 색시는 첫 번째 시합 때와 같은 방법으로 남편을 용궁으로 보냈고, 용왕은 '천리마'를 가베로서 사위에게 선사하며, 그 말을 타고 시합에서 이긴다.

첫 번째 시합에서 당연히 자기가 이겨서 우렁이 색시를 빼앗을 거라 여겼던 임금은 두 번째 내기에서도 지자 세 번째 시합을 제안한다. 보통 시합에서 '3판2승제'가 일반적인데, 이미 2패를 한 임금은 내기에

진 것과 마찬가지다. 하지만 어떻게 해서라도 농부를 이기고 우렁이 색시를 차지하려는 무의식적 욕망과 쾌락에 사로잡힌 절대 권력자에게는 3판2승제가 의미가 없다. 아마 세 번째 시합에서 죽지 않았다면, 임금은 이길 때 까지 계속 게임을 진행했을 것이다. 이러한 고집과 욕망이 무리수無理數가 되어 임금은 세 번째 시합에서 죽음을 당한다. 다시 말해, 세 번째 내기로 임금은 배를 타고 강을 건너는 시합을 제시했고, 결국 용왕이 선사한 조각배를 탄 농부가 임금의 배보다 훨씬 빨랐으며, 경기 중에 임금의 배는 폭풍이 몰아쳐서 가라 앉아 버렸고, 임금은 배와 함께 강에 빠져 죽었다.

배와 함께 사라진 임금, 이때쯤이면 독자들은 박수를 치면서 환호성을 지를 것이다. '사필귀정事必歸正', 곧 '모든 일은 반드시 바른길로 돌아가게 마련이다'라는 도덕적 교훈이 비단 동화에 등장하여 적수이자 가해자 역할을 하는 임금에게만 적용되는 것은 아니다. 높은 자리에 있을 때, 소위 '갑을관계甲乙關係'에서 갑의 위치에 있을 때, 아랫사람들과 약자들을 배려하고 나누는 즐거움과 기쁨을 공유하는 삶이 그때뿐만 아니라, 오늘날에도 필요한 것이다.

어찌 보면, 땅의 임금과 바다의 임금 간의 능력을 비교하는 듯이 세 번의 내기가 진행되었지만, 결국 착하고 선한 아랫사람이 욕심 많고 쾌락적인 윗사람을 이긴 것이라고 말할 수 있다. 용왕은 선한 조력자로서 동화 주인공을 도와주는 역할을 했을 뿐이니 말이다. 더욱이 그 아랫사람이 윗사람이 되는 '주객전도主客顚倒'의 결말이 모두에게 즐거움과 희망을 주는 해피엔딩이 되는 것이다. 왜냐하면, 처음부터 끝까지 시합을 구경했던 백성들과 신하들은 농부를 하늘이 내리신 임금이라 생각했고, 그 나라의 새로운 임금으로 모셨기 때문이다.

그리하여 새 임금과 우렁이 각시는 궁궐에서 행복하게 잘 살았다는 것으로 동화 종결문이 장식된다. 즉, 농부에서 임금으로의 신분상승, 이것이 의기소침意氣銷沈해 있거나 좌절挫折하고 있는 현대인에게 던지는 희망의 메시지이다.

여러분도 우렁이 각시를 얻고 싶은가요? 여러분의 우렁이 각시는 누구일까요? 없다고요? 논에 나가보아요. 무수한 우렁이가 기어 다닐 테니까요. 전래동화 『우렁이 각시』를 통해 여러분의 무의식에 자리한 아니마와 아니무스를 의식으로 끌어올려 나만의 우렁이 각시, 곧 '자기 정체성'을 찾기를 기대합니다.

14.

임금님 귀는 당나귀 귀

『임금님 귀는 당나귀 귀』

옛날 어느 나라에 귀가 유난히 큰 임금이 살고 있었다. 그는 귀가 날마다 자라는 것 같아 고민했고, 관모冠帽를 써도 큰 귀를 가릴 수 없어 마음이 무거웠다.

어느 날 귀 때문에 고민하던 임금은 더 커다란 의관이 필요하다고 생각하고는, 아무도 몰래 의관을 만드는 복두장幞頭匠을 불러서 귀를 가릴 수 있는 커다란 관모를 만들라고 어명을 내렸다. 물론 임금의 귀가 당나귀 귀라는 비밀은 복두장이 홀로 아는 비밀로 하고, 그 비밀을 누군가에게 발설하면 참형에 처하겠노라고 어명을 내렸다.

궁에서 나와 자기 공방으로 돌아가던 복두장은 임금님의 귀만 생각하면 저절로 웃음이 나와 헤죽헤죽 웃었지만 임금님의 귀가 당나귀 귀라는 비밀만은 굳게 지켰다.

관모가 다 만들어지자 복두장은 다시 궁으로 가서 다른 신하들 몰래 임금에게 커다란 의관을 씌워 줬다. 다행히 새로운 관모에 임금의 귀가 감춰졌고, 임금은 만족하면서 다시 한 번 비밀을 죽을 때까지

지킬 것을 복두장에게 명령했다.

이후 복두장은 임금님 귀가 당나귀 귀라는 비밀을 마음속에 간직한 채 몇 년을 살아갔지만, 도저히 그 비밀을 숨기고 살자니 마음이 편치 않았다. 그래서 그런지 그는 시름시름 앓기 시작했다. '이러다 제명에 죽지 못하겠구나.'라고 생각한 복두장은 하루는 도림사道林寺의 대나무 숲에 들어가 땅을 파고는 '임금님 귀는 당나귀 귀'라고 마음껏 소리 질렀다.

그 후 의관 만드는 자는 마음 편히 살다가 편안하게 눈을 감을 수 있었다. 그런데 궁 밖에서는 이상한 소문이 돌기 시작했다. 바람이 불 때면 대나무 숲에서 '임금님 귀는 당나귀 귀'라는 소리가 들려온다는 것이다. 이 소문은 순식간에 도성에 퍼져 나갔고, 마침내 임금의 귀에까지 전해졌다. 깜짝 놀란 임금은 대나무를 모조리 베어 버리라고 어명을 내렸다. 그러니까 얼마 동안은 그런 소리가 들려오지 않았다. 그러나 대나무가 다시 자라고 나니 '임금님 귀는 당나귀 귀'라는 소리가 바람을 타고 다시 들려왔다. 화가 난 임금은 대나무 숲에서 대나무를 모조리 뽑아 버리라고 했고, 그 대신에 산초나무를 심으라고 했다.

어느 날 대나무 대신에 심은 산초나무가 자라자 다시금 '임금님 귀는 당나귀 귀'라는 소리가 바람을 타고 전해졌다. 이제 더 이상 임금은 자신의 귀를 감출 수 없었고, 모든 신하들이 보는 자리에서 관모를 벗으면서 '내 귀가 당나귀 귀일세'라고 말하면서 껄껄껄 웃었다. 이후 임금은 마음 편히 정사를 돌볼 수 있었고, 백성들도 더 이상 들려오는 소문에 일희일비一喜一悲 하지 않으면서 행복하게 잘 살았다.

전래동화 『임금님 귀는 당나귀 귀』는 귀가 유난히 큰 임금이 그것을 감추려고 벌이는 해프닝happening과 같은 해학적 이야기이다. 다시 말해, 나라를 다스리는 왕으로서 동화 주인공은 남에게 감추고 싶은 핸디캡handicap을 가진 자者라고 할 수 있으며, 그것을 숨기려고 애쓰다가 일어나는 우발적인 사건을 다룬 이야기가 이 동화라고 할 수 있다. 심리적으로 말하면, 임금의 '자기방어自己防禦'와 '자기극복自己克服'의 문제가 심도 있게 다루어졌다고 할 수 있다. 쉽게 말해, 동화 주인공이 핸디캡으로 여기던 당나귀 귀를 감추려는 것이 자기방어를 의미한다면, 핸디캡을 극복하고 귀를 내놓고 마음 편히 지내는 것이 자기극복이라고 하겠다.

사관에 의하면 전래동화 『임금님 귀는 당나귀 귀』가 실제로 신라 제48대 경문왕 때 의관을 만드는 복두장幞頭匠의 이야기에서 유래한 거라고 한다. 즉, 복두장이 임금의 귀가 유난히 커서 커다란 의관을 만들어 줬고, 비밀을 지키라는 어명에 의해 홀로 아는 비밀을 평생 말하지 않다가 죽게 될 때 도림사道林寺의 대나무 숲에 들어가 땅을 파고 '임금님 귀는 당나귀 귀'라고 소리 지른 후 편안히 눈을 감을 수 있었다는 것이다.

그 영향을 받은 전래동화 『임금님 귀는 당나귀 귀』의 서두문에서도 귀가 유난히 커서 고민하는 임금의 처지가 소개된다. 즉, 옛날 어느 나라에 귀가 유난히 큰 임금이 살고 있었는데, 그는 귀가 날마다 자라는 것 같아 고민했고, 관모冠帽를 써도 큰 귀를 가릴 수 없어 마음이 무거웠다는 것이다.

동화 주인공의 '말 못할 고민'처럼 누구나 말 못할 고민이 있는 게 사실이다. 핸디캡의 사전적 의미가 '자신에게 특별히 남보다 불리하게 작용하는 조건'이라면, 임금은 자신의 귀 때문에 남들에게 놀림감이 되지 않을까? 또는 자신이 귀뿐만이 아니라 몸 전체가 정말로 당나귀로 변하는 건 아닐까? 하는 '노심초사勞心焦思'하는 마음으로 귀를 감추려는 시도가 자기방어의 태도라고 할 수 있다.

여러분의 '말 못할 고민'은 무엇입니까? 혹은 어떤 핸디캡이 있나요? 그것이 무엇이든 간에 전래동화 『임금님 귀는 당나귀 귀』를 통해 완전히 치료되길 기대합니다.

임금의 나이가 얼마인지는 언급되지 않았지만, '귀가 날로 자란다'는 설정이 독자를 흥미진진興味津津하게 한다. 더욱이 임금이 쓰는 관으로도 귀를 가릴 수 없으니, 그것을 감추고 싶은 마음이 안절부절 극極에 달한다고 하겠다. 이것은 바로 고민을 숨기면 숨길수록 눈덩이처럼 커지는 것을 비유적으로 표현한 것이다. 즉, 임금의 당나귀 귀는 바로 임금의 고민을 상징하는 것이다. 더욱이 누구나 있는 말 못할 고민이라면, 그것은 인간 정신마음, 심리의 원형原型으로서 자리 잡은 인류 보편의 원초적 행동 유형이라고 할 수 있다. 따라서 현명한 자라면, 그러한 고민에 얽매여, 어둠의 세계인 자기의 세계에서 방황할 것이 아니라, 오히려 빛의 세계인 자아의 세계로 끌어올려서 극복하려는 과정, 곧 깨달음의 과정이자, 자기실현의 과정을 성취해야 하는 것이다. 이것이

자기방어에서 자기극복으로 승화되는 놀라운 체험인 것이다.

그러나 그 과정이 하루아침에 이루어지는 것은 아니다. 그래서 임금은 귀를 가릴 수 있는 왕관을 만들기 위해 의관을 만드는 사람을 대궐로 부른다. 다시 말해, 귀 때문에 고민하던 임금은 더 커다란 의관이 필요하다고 생각하고는, 아무도 몰래 의관을 만드는 복두장幞頭匠을 불러서 귀를 가릴 수 있는 커다란 관모를 만들라고 어명을 내린다. 물론 임금의 귀가 당나귀 귀라는 비밀은 복두장이 홀로 아는 비밀로 하고, 그 비밀을 누군가에게 발설하면 참형에 처하겠노라고 엄포를 놓는다. 궁에서 나와 자기 공방으로 돌아가던 복두장은 임금님의 귀만 생각하면 저절로 웃음이 나와 헤죽헤죽 웃었지만 임금님의 귀가 당나귀 귀라는 비밀만은 굳게 지킨다.

의관을 만드는 자, 일명一名 '복두장'의 '임금님의 귀가 당나귀 귀'라는 독백이 이 동화의 제목을 떠올리게 하며, 그 역시 자다가도 벌떡 일어나 한바탕씩 웃는 즐거움을 남 앞에서는 숨겨야 하는 고민에 빠져, 또 다른 자기방어와 자기극복의 문제를 야기하는 내용이 암시되는 것이다. 특히 나라 안에서 임금의 귀를 본 사람은 자기밖에 없고, 만약 임금의 귀가 당나귀 귀라는 사실을 누구한테라도 발설한다면 살아남지 못할 것이라는 임금의 어명이 그를 속박束縛하는 것이며, 그 비밀을 혼자서 간직하고 있자니 결국 커다란 병이 되어 시름시름 앓게 되는 원인이 되는 것이다. 다시 말해, 복두장은 '임금님 귀가 당나귀 귀'라는 비밀을 마음속에 간직한 채 몇 년을 살아갔지만, 도저히 그 비밀을 숨기고 살자니 마음이 편치 않았고, 그래서 그런지 그는 시름시름 앓기 시작한다. '이러다 제명에 죽지 못하겠구나.'라고 생각한 복두장은 하루는 도림사道林寺의 대나무 숲에 들어가 땅을 파고는

'임금님 귀는 당나귀 귀'라고 마음껏 소리 지른다. 그 후 의관 만드는 자는 마음 편히 살다가 편안하게 눈을 감을 수 있었다.

인간이 하고 싶은 말을 하지 못하면, 마음에 응어리가 되어 답답증이나 우울증에 빠지게 된다. 그러니 세상을 살아가면서 말 못할 고민을 나눌 수 있는 '베프베스트 프렌드, Best Friend'가 한 명이라도 있어야 한다.

여러분의 베프는 누구입니까? 없나요? 없다면, 복두장처럼 대나무 숲으로 들어가서 땅을 파고 그곳에 대고 마음껏 외치는 건 어떨까요?

길을 가다보면, 혼자서 헤죽헤죽 웃거나, 노래 부르거나, 혼잣말을 중얼거리는 자를 보게 된다. 사실 이들은 말 못할 고민에 빠져 복두장처럼 말은 못하고, 남들이 알아듣지 못하게 하려고 중얼거리거나 노래를 부르는 경우도 있지만, 실제로 무의식에 사로잡혀서 의식 세계와의 혼란에 의해 정신착란精神錯亂을 일으키는 경우도 있다. 흔히 이런 자들을 미친놈이라고 부르지만, 결코 무시해서는 안 되는, 어찌 보면 보통사람보다 뛰어난 정신세계를 소지한 자 또는 그 경계를 뛰어넘은 자라고 말할 수 있다. 실례實例로, 지하철 2호선 '잠실나루역'에서 탑승하는 늙은 여자를 들 수 있다. 모 방송사에서도 보도한 자이니, 많이 알고 있겠지만, 그녀는 현실을 살아가면서도 과거의 부정적 경험이 잠재의식으로 쌓여서, 현실과 비현실을 오락가락 하면서, 마구 욕을 해대거나, 남의 자리를 빼앗아 앉기도 하는 등 다양한 모양으로 자신의 어두운 그림자를 표출시키는 것이다.

동화의 등장인물 복두장은 '임금님 귀는 당나귀 귀다!'라는 말을 꼭 내뱉어야 하겠는데 그러질 못해, 그 말 못할 고민이 부정적 잠재의식이 되어, 가슴답답증에 걸려서 죽기 일보직전에 땅을 파고 마음껏 소리를 지르니, 마음도 시원해지고 편안해 지는 해탈解脫의 경지를 맛보고 죽게 되는 것이다. 그러니 그에게는 땅이야말로 베프가 아니겠는가?

여러분도 정말 믿을 수 있는 사람이 없다면, 바다나 강이나 산이나 들이나 나무나 하늘이나 땅이나에 대고 마음껏 소리 질러 보길 바랍니다. 고민 덩어리가 가슴에서 빠져나가 뻥 뚫리는 카타르시스를 맛볼 수 있을 테니까요.

어쨌든 복두장이 죽고 난 후 대나무 숲으로부터 '임금님 귀는 당나귀 귀다!'라는 이상한 소리가 들려오기 시작했고, 바람을 타고 대궐 안으로까지 전해졌다. 즉, 바람이 불 때면 대나무 숲에서 '임금님 귀는 당나귀 귀'라는 소리가 들려온다는 것이다. 이 소문은 순식간에 도성에 퍼져 나갔고, 마침내 임금의 귀에까지 전해졌다. 깜짝 놀란 임금은 대나무를 모조리 베어 버리라고 어명을 내렸고, 그러니까 얼마 동안은 그런 소리가 들려오지 않았다.

다시 말해, 깜짝 놀란 임금이 대나무를 모조리 베어 버리라고 명령을 내리니, 대나무 없는 대나무 숲에서 그런 소리가 더 이상 들리지 않았다. 자신의 권력을 이용하여 말 못할 고민을 은폐하는 짧은 순간에는 잠시 동안 그 고민이 사라진 것 같아도 독버섯처럼 다시 자라나서 임금을 괴롭히는 것이다. 아직은 자기방어에 치중하여 효과를 보는 것 같은 모습이지만, 자신의 핸디캡을 진정으로 극복하기 위해서는 자기 깨달음, 곧 자기실현을 통해 극복해야 하는 것이다.

대나무 숲에서 대나무를 모조리 베어 버리니 복두장이 땅속에 파묻은 '임금님 귀는 당나귀 귀다!'라는 이상한 소리가 없어졌으나 대나무가 다시 자라고 나니 '임금님 귀는 당나귀 귀'라는 소리가 바람을 타고 다시 들려온다. 화가 난 임금이 대나무 숲에서 대나무를 모조리 뽑아 버리라고 했고, 그 대신에 산초나무를 심으라고 했다. 그러나 대나무 대신에 심은 산초나무가 자라자 다시금 '임금님 귀는 당나귀 귀'라는 소리가 바람을 타고 전해진다. 여기서 땅은 빙산氷山의 수면에 잠긴 부분과 같은 무의식 세계를 의미하고, 대나무나 산초나무는 빙산의 수면 윗부분인 의식 세계를 의미하는 것이다. 그러니 무의식에 숨겨 둔 진실이 의식 세계로 올라오기 위해서는 나무가 자랄 시간이 필요하듯이, 성숙할 수 있는 과정이 필요한 것이라 하겠다.

이제 더 이상 임금은 자신의 귀를 감출 수 없었고, 모든 신하들이 보는 자리에서 관모를 벗으면서 '내 귀가 당나귀 귀일세'라고 말하면서 껄껄껄 웃는다. 이후 임금은 마음 편히 정사를 돌볼 수 있었고, 백성들도 더 이상 들려오는 소문에 일희일비一喜一悲 하지 않으면서 행복하게 잘 살았다는 것으로 동화 종결문은 끝난다.

다시 말해, '사실 짐의 귀는 당나귀 귀야.'라고 고백하는 임금의 모습은 자기방어에서 자기극복으로 승화되는 놀라운 체험의 결과이며, 무의식 세계의 중심인 자기를 자아의 세계로 의식화하는 과정, 곧 자기실현의 과정을 통해 마침내 터득한 자기정체성의 획득이라고 말할 수 있다.

여러분은 순자荀子의 인성론人性論인 성악설性惡說과, 맹자孟子의 인성론人性論인 성선설性善說 중에 어떤 것을 믿습니까? 사실 프로이트의 정신분석학 이론이 성악설이라면, 융의 분석심리학 이론은 성선설이라고 할 수 있습니다. 선택은 개별적인 것이라 결론을 내지 않겠습니다만, 전래동화 『임금님 귀는 당나귀 귀』만을 놓고 본다면, 성악설이 맞는 것 같군요. 왜냐하면, 임금의 타고난 본성이 자신의 이익과 안일을 위해 손해를 보지 않고 놀림당하는 것을 싫어해서 그렇게 관을 만드는 자에게 자신의 비밀보장을 요구했지만, 훗날 살면서 후천적 노력과 깨달음에 의하여 선한 방향으로 바뀌기 때문입니다.

이 세상에 핸디캡이 없는 사람, 말 못할 고민이 없는 사람이 있을 수 있을까요? 그 핸디캡과 고민을 숨기고 감추고 살겠습니까? 아니면, 내어놓고 함께 나누며 풀어 버리고 살겠습니까? 세상 사람들이 다 좋고 착하면 아무런 문제가 되지 않겠지요. 하지만 어느 누구 하나 믿을 수 없는 세상이 된 것 같아 씁쓸하진 않나요? 결국 해결 방법은 동화를 다시 읽는 것입니다. 거기에 동화를 통한 힐링과 테라피가 있기 때문입니다.

귀가 당나귀처럼 크면 어떻습니까? 오히려 작은 귀를 가진 자보다 더 많은 것을 들을 수 있고, 희미한 소리까지 잘 들을 수 있지 않을까요?

15.

토끼와 자라

『토끼와 자라』

옛날 어느 바닷속 용궁에 용왕이 살고 있었다. 어느 날 용왕이 병이 들어 자리에 눕게 되었는데, 아무리 용한 의원이 진맥을 하더라도 그 병을 낫게 하는 처방을 내리지 못했다. 그래서 신하들은 전국에 방을 내려 용한 의원을 모셔 왔고, 그 의사가 병이 든 용왕을 진맥하고 나서야 육지에 사는 토끼의 간을 먹으면 낫는다고 말했다.

용왕이 수궁 대신들을 모아 놓고 육지에 나가 토끼를 잡아올 사자를 뽑는데, 서로 옳거니 그르거니 하면서 다투기만 할 뿐 어떤 결정도 내리지 못했다. 이때 별주부 자라가 용왕 앞에 나가서 자신이 육지로 가 토끼를 잡아오겠다고 자원했고, 용왕의 허락을 받았다.

그래서 자라에게 용궁의 화공이 토끼의 화상을 그려 줬고, 그 그림을 가지고 자라는 육지로 헤엄쳐 나갔다.

육지에 도착한 자라는 토끼의 화상을 보면서 그 그림과 일치하는 짐승을 찾느라 숲속을 이리저리 거닐었다. 한참이 지나서야 자라는 마침내 두 귀가 쫑긋하고 눈알이 빨간 토끼를 만날 수 있었다. 겁이 많은 토끼는 생전 처음 보는 자라를 경계했지만, '토끼 선생'이라는 존칭을 쓰면서 짧은 목을 들락날락거리면서 말을 걸어오는 자라를 더 이상 경계하지 않았다.

자라는 토끼에게 육지에서 위험하게 사느니 자기와 함께 용궁으로 가면 높은 벼슬도 주고 아무도 토끼를 괴롭히지 않을 거라고 유혹했다. 이에 속은 토끼는 자라의 등에 타고 바닷속 용궁으로 갔다.

용궁에 도착한 자라는 갑자기 용왕 앞에서 '토끼 녀석을 잡아왔다'고 말하면서 의원에게 어서 토끼의 간을 빼내라고 했다. 이에 속은 것을 안 토끼는 꾀를 내어 깔깔깔 웃으면서 간을 육지에 두고 왔다고 말했다. 토끼는 자기 눈이 빨간 것이 바로 간을 빼놓고 다니기 때문이라고 하니, 모두들 속을 수밖에 없었다.

용왕은 토끼를 크게 환대하면서 다시 자라와 함께 육지로 가서 간을 가져오라고 말했다. 자라의 등에 타고 다시 육지에 오른 토끼는 간을 내놓고 다니는 짐승이 어디 있냐고 자라에게 욕을 하면서 깡충깡충 숲속으로 도망쳤다.

전래동화 『토끼와 자라』는 작자와 연대를 알 수 없는 고대 소설 『토끼전』과, 판소리 『수궁가水宮歌』와 그 맥락을 같이하는 토끼와 자라의 행동을 통하여 인간의 어리석음과 부족함을 풍자한 이야기이다. 다시 말해, 토끼와 자라를 의인화하여 약삭빠른 재치로 위기를 모면하는 인간형과 우직하지만 어리석은 인간형이 해학적으로 표현되었다고 할 수 있다. 토끼가 육지에 사는 초식동물이라면, 자라는 수중水中에 사는 육식동물이다. 동화에서는 토끼는 산에 사는 것으로, 자라는 바다에 사는 것으로 묘사되고 있다. 이 두 주인공이 서로 만난 적이 없지만, 용왕의 병을 고치기 위해 '토끼의 간'이 필요하다는 용궁龍宮 의원의 말에 의해 만나게 된다.

다시 말해, 전래동화 『토끼와 자라』의 서두문에서 옛날 어느 바닷속 용궁에 용왕이 살고 있었는데, 어느 날 용왕이 병이 들어 자리에 눕게 되었고, 아무리 용한 의원이 진맥을 하더라도 그 병을 낫게 하는 처방을 내리지 못했다. 그래서 신하들은 전국에 방을 내려 용한 의원을 모셔 왔고, 그 의사가 병이 든 용왕을 진맥하고 나서야 육지에 사는 토끼의 간을 먹으면 낫는다고 말했다는 것이다. 용왕이 수궁 대신들을 모아 놓고 육지에 나가 토끼를 잡아올 사자를 뽑는데, 서로 옳거니 그르거니

하면서 다투기만 할 뿐 어떤 결정도 내리지 못했고, 이때 별주부 자라가 용왕 앞에 나가서 본인이 육지로 가 토끼를 잡아오겠다고 자원했고, 용왕의 허락을 받았다는 것이다.

아무튼 동해 바다 속에 용왕龍王이 살고 있는데 중병에 걸려 어떤 치료로도 낫지 않자, '육지에 사는 토끼의 간'을 먹어야 나을 수 있다고 용한 의원이 진단한다. 마치 용궁이 지상의 대궐인 양, 왕과 신하가 대화를 주고받는 모습이 바닷속에서나 땅 위에서나 별반別般 다르지 않다. 즉, 바닷속이라면 사는 존재들이 고래·물고기·거북이·게와 새우 등, 곧 어류·포유류·파충류·갑각류 등의 생명체들인데도 뭍에 사는 인간처럼 계급과 제도에 따라 그렇게 대화를 나누고 있는 의인화의 특성이 자연스럽게 동화에서 성취되는 것이다. 이것은 이미 선조들의 사고思考 속에서도 인간과 동물과 자연이 하나라는 자연관自然觀이 깊이 자리 잡고 있었다는 것을 의미한다.

여러분은 인간과 동물과 자연이 하나라는 생각을 해 보았나요? 흔히 자연이 파괴되면 인류도 멸망할 것이라고 하지 않나요? 올해 여름, 특히 장마철이 유난히 길었는데, 그 원인도 인간이 저지른 자연파괴, 곧 환경파괴의 결과가 그 원인이라고 하지 않나요? 즉, 인간과 동물과 자연이 하나인데, 동물을 학대하고, 자연을 훼손하면 결국 그 상처가 고스란히 인간에게 되돌아오는 겁니다.

이러한 자연관이 전래동화 『토끼와 자라』에서 동물을 의인화하여 표현되는 것이다. 자연은 인간의 모태母胎로서 인류생존을 위해 반드시 지키고 가꿔 나갈 동반자同伴者이다. 그래서 이 동화에서는 자연의 또 다른 모습인 동물을 통해 인간의 이리석음과 부족함을 풍자적으로 이야기하는 것이다.

아무튼 '사람의 힘을 더하지 않은 저절로 된 그대로의 현상現象', 곧 '인간의 의식으로부터 독립하여 존재하는 객관적 실재實在'가 자연이라면, 자연은 바로 무의식無意識을 상징한다. 무의식이 의식보다 훨씬 큰 덩어리이기 때문에, 인간의 무의식 속에 내재한 자연을 의식으로 끌어올릴 때, 무의식의 의식화가 성취되며, 이드에서 자아 또는 초자아로의 자기발견sich selbst finden이 실현되는 것이다. 왜냐하면, 인간의 눈에 보이는 자연현상自然現象이라는 것은 곧 인간자신의 내면의 반영反影이기 때문이다. 그래서 자연을 훼손毁損한다는 것은 나를 훼손하는 것이며, 반대로 자연을 보호保護한다는 것은 곧 나를 보호한다는 것이다. 이런 의미에서 '자연과 인간은 하나'라고 말할 수 있는 것이다.

전래동화 『토끼와 자라』에서 자라는 또 하나의 자연, 곧 인간의 또 다른 모습으로서 용왕의 충신답게 모두가 꺼려하는 '토끼 생포生捕'를 위해 출정出征한다. 토끼의 생김새를 '화공畵工'이 그려 줬는데 그 생김새가 '두 귀는 기다랗고 쫑긋하고, 눈은 빨갛고'이다. 토끼 또한 하나의 자연물自然物로서 인간의 또 다른 모습이다. 마침내 자라가 육지로 헤엄쳐 나가 산 위로 엉금엉금 기어 올라갔을 때 봄날이었고, 온갖 꽃들이 피어 있었으며, 온갖 새들이 노래하고 있었다. '육지도 참 좋은 곳이구나.'라는 자라의 고백이 삼라만상森羅萬象의 아름다운 자연현상을 예찬하는 것이며, 바다와 육지가 하나라는 점을 강조한 것이다. 한참이 지나서야 자라는 마침내 두 귀가 쫑긋하고 눈알이 빨간 토끼를 만날 수 있었다. 겁이 많은 토끼는 생전 처음 보는 자라를 경계했지만, '토끼 선생'이라는 존칭을 쓰면서 짧은 목을 들락날락거리면서 말을 걸어오는 자라를 더 이상 경계하지 않았다. 자라는 토끼에게 육지에서 위험하게 사느니 자기와 함께 용궁으로 가면 높은 벼슬도 주고 아무도 토끼를 괴롭히지 않을 거라고 유혹했다.

토끼와 자라의 첫 만남에서 두 동화 주인공은 금세 친해진다. 경계심 많은 토끼가 자라의 우스꽝스런 생김새에 깔깔 웃으면서 쉽게 친해진 것이다. 특히 자라도 토끼를 처음 보았듯이, 토끼도 자라를 처음 본 것이다. 그럼에도 불구하고 그들이 쉽게 가까워진 것은 첫째, 토끼가 자기를 잡아먹을 동물 리스트에 자라가 없다는 점, 둘째, 자라목이 늘어났다 줄어들었다 하여 웃음을 유발한 점, 셋째, 어떻게 해서라도 토끼를 꾀어서 용궁으로 데려가려는 자라의 노력 덕분이라 하겠다. '약풀'만을 먹는다는 토끼의 말에 자라는 속으로 '토끼의 간이 아주 귀한 약으로' 쓰인다는 확신을 한다. 실제로 토끼의 간은 쇠간과 마찬가지로 영양가營養價가 높은데, 눈을 밝게 하고 쇠약衰弱을 보하며, 머리가 띵하고 눈이 아찔한 것을 다스리는 데 효과가 있다고 한다. 그러니 용왕의 병은 두통과 안질眼疾로 인한 어지럼증이 아닐까 추측할 수 있다.

여러분들도 '각기병脚氣病과 야맹증夜盲症'에 좋다고 생간을 먹기도 하지요?

아무튼 토끼와 자라의 만남은 두 자연물의 만남이요, 또 다른 인간들의 만남이다. 그래서 그들은 자연스럽게 친해지고, 선뜻 '용궁에 가서 살자'는 자라의 요구에 의심 많은 토끼 귀가 솔깃하는 것이다.

자라가 토끼에게 '토끼 선생'이라고 높임말로 불러 주고, 용궁에는 '잡아먹을 짐승'이 없다고 하며, '벼슬을 내리고 호화롭게 살도록 해'준다는 말을 하자 토끼의 호기심은 극에 달한다. 토끼에게는 용궁이 미지의 세계이다. 육지에서 약한 존재로서 늘 당하기만 하던 토끼였기에 벼슬과 호화로운 삶을 보장한다고 하니 어찌 아니 흔들리겠는가?

감쪽같이 속은 토끼는 자라의 등에 타고 바닷속 용궁으로 갔고, 용궁에 도착한 자라는 갑자기 용왕 앞에서 '토끼 녀석을 잡아왔다'고 말하면서 의원에게 어서 토끼의 간을 빼내라고 말한다.

토끼가 자라 등에 업혀 용궁으로 가는 장면을 생각해 보세요. 얼마나 놀랍고, 웃음이 저절로 머금어지지 않나요? 토끼가 산소마스크를 쓰고 자라 등에 업혀서 가는 건가요? 현실에서는 불가능한 일들이 동화에서는 가능하기에 이러한 의심은 부질없이 느껴지겠지요. 그만큼 선조들의 지혜와 재치의 산물인 전래동화는 해학적이고 환상적인 작품이라고 할 수 있습니다.

어쨌든 용왕 앞에 도착한 자라가 갑자기 '토끼 녀석을 잡아왔사옵니다. 어서 간을 내어 잡수시고 병환이 나으십시오.'라고 말하니, 토끼의 간은 콩알만 해졌고, '눈앞이 캄캄'해졌으며, '꼼짝없이 죽을 판'이 아니겠는가? 자라가 '토끼 선생'이라고 토끼를 꾈 때의 존칭尊稱과, 용궁에 데리고 와서는 '토끼 녀석'이라는 비칭卑稱이 지극히 대조적이며, 그런 모습이 대부분의 인간모습은 아니겠는가? '화장실 들어갈 때와 나올 때는 다르다'는 말처럼 '토사구팽兎死狗烹'의 인간모습을 보는 것 같아 씁쓸하지 않은가?

여러분이 '죽을 판'의 토끼의 입장 같으면, 이때 어떤 식으로 죽음의 위기를 모면하겠습니까? 꼼짝없이 죽임을 당하고 간을 내놓겠습니까? 아니면? 여기서 우리는 토끼의 지혜와 재치를 배워야 합니다. 그 구사일생九死一生의 방법이 뭔가요? 이 동화의 하이라이트인 '간을 육지에 빼놓고 왔다'는 겁니다.

토끼는 꾀를 내어 깔깔깔 웃으면서 간을 육지에 두고 왔다고 말했고, 자기 눈이 빨간 것이 바로 간을 빼놓고 다니기 때문이라고 하니, 모두들 속을 수밖에 없지 않는가? 다시 말해, 칼을 들이대는 다급한 순간에도 토끼는 '그럴 줄 알았으면, 간을 가지고 올 텐데'라고 태연히 말한다. 수세에 몰렸던 토끼가 전세를 역전시키는 계기를 마련한 것이며, 다시금 공을 상대방에게 넘기는 것이다. 당황한 상대방에게 결정적인 한 방을 먹이기 위해 토끼는 "제 눈이 왜 빨간 줄 아세요? 간을 입으로 토해 꺼내 놓고 다녀서 눈이 새빨간 거예요."라고 자신의 약점인 빨간 눈을 장점으로 극대화시키는 기지奇智를 발휘하는 것이다. 바로 '호랑이 굴에 들어가도 정신만 차리면 살 수 있다'는 격언格言이 그대로 실현되는 것이다.

자라의 선택은 어쩔 수 없이 토끼를 다시 뭍으로 데려가 바위틈에 두고 온 토끼의 간을 가져오는 일이다. 어리석고 우둔한 자라는 다시금 토끼에게 '토끼 녀석'에서 '토끼 선생'으로 존칭하며, 일이 성사되기를 학수고대鶴首苦待한다. 그러나 한 번 죽음의 위기를 체험한 토끼에게서 또 한 번 '간'을 기대한 자라의 소망은 일순간에 물거품이 된다. 용왕은 토끼를 크게 환대하면서 다시 자라와 함께 육지로 가서 간을 가져오라고 말했고, 자라의 등에 타고 다시 육지에 오른 토끼는 간을 꺼내 놓고 다니는 짐승이 어디 있냐며 자라의 어리석음을 비웃으면서 숲속으로 도망쳤다.

"이 어리석은 자라야, 간을 꺼내 놓고 다니는 짐승이 어디 있어!"라는 토끼의 말이 어리석고 부족한 인간에게 던지는 부메랑Boomerang이다. 왜냐하면, 토끼 자신도 어리석고 부족하여 자라의 꾐에 넘어갔다가 구사일생으로 살아났으니, 언제 다시 자라에게 던진 부메랑이 자기에게 돌아올지 모르기 때문이다. 그래서 토끼는 '깡충깡충' 뛰어 달아나는 것이다.

약삭빠른 재치로 위기를 모면하는 인간형과 우직하지만 어리석은 인간형, 세상살이를 하면서 누구나 겪게 되는 두 종류의 인간형입니다. 여러분은 어떤 인간형으로 살고 있나요? 그리고 어떤 인간형으로 살아갈 것인가요? 토끼형인가요, 자라형인가요? 전래동화 『토끼와 자라』를 통해 그 해답을 얻기를 기대합니다.

16.

아버지의 유물

『아버지의 유물』

옛날 어느 시골에 가난한 아버지와 아들 삼형제가 살고 있었다. 그는 너무 가난했기 때문에 죽을 때가 되었지만 아들들에게 남겨줄 유산이라고는 맷돌과 표주박과 대나무 지팡이와 장구뿐이었다. 병든 아버지는 임종 시 세 아들을 불러서 첫째에게는 맷돌을, 둘째에게는 표주박과 대나무 지팡이를 그리고 셋째에게는 장구를 물려주었다.

3일 동안 장례를 치르고 난 삼형제는 각기 받은 유물을 챙기고는 길을 떠났다. 얼마쯤 걸어가다가 세 갈래의 길에 이르렀을 때, 삼형제는 각기 한 길씩을 택하고는 서로 잘 살자고 다짐하면서 헤어졌다.

먼저, 큰아들은 맷돌을 등에 짊어지고 걷다가 숲속에 도착했을 때 날이 저물었다. 큰아들은 잠자기 위해 커다란 나무 위로 올라갔고, 거기서 맷돌을 가슴에 안고 잠이 들었다. 얼마 후 나무 밑에서 도둑들이 웅성거리는 소리가 났고, 훔친 보물을 서로 더 많이 갖겠다고 하는 소리였다. 잠에서 깬 첫째는 자기도 모르게 맷돌을 돌렸다. 그 소리에 도둑들은 깜짝 놀랐고, 하늘에서 천벌을 내리는 줄 알고 혼비백산하여 보물을 내버려 둔 채 도망쳤다. 그래서 큰아들은 그 보물로 큰 부자가 되었다.

한편, 둘째 아들도 표주박과 대나무 지팡이를 들고 정처 없이 길을 걸어가고 있었고, 어느새 날이 저물었다. 마침 한 무덤 앞에 당도했기에 그는 그곳에 자리를 잡고 누워서 쉬고 있었다. 밤이 되어 사방이 깜깜해졌을 때 갑자기 유령이 나타나서 둘째에게 '어서 서둘러 가자'고 말했다. 둘째는 깜짝 놀랐지만 침착했고, 머리와 팔을 만져 보자는 유령의 요구대로 표주박과 대나무 지팡이를 내밀어 목숨을 건질 수 있었다. 유령은 둘째를 친구로 알고 그에게 아랫마을에 사는 부잣집 외동딸의 혼을 꾀어 오자고 했다. 그리고는 유령은 그 집 담을 넘어가 딸의 혼을 주머니에 담아 왔고, 그것을 둘째에게 맡겼다. 날이 밝아오자 유령은 당황하면서 둘째만 남겨 둔 채 홀연히 사라졌다. 둘째는 딸이 죽었다며 곡소리를 내는 부잣집으로 들어가서 딸의 혼을 다시 넣어 정신을 차리게 했다. 외동딸이 다시 살아나자 부잣집 영감은 둘째를 사위로 맞이하고 재산의 절반을 줬다.

끝으로, 막내아들도 장구를 메고 하염없이 길을 가다가 산속으로 들어가게 되었다. 그는 '산속에서 무서운 짐승이라도 만나면 어떻게 하지?'라고 생각하고는 장구를 치기 시작했다. 그러자 그 장구소리에 산속의 짐승들이 다 나와서 신명나게 춤을 추었다. 그 중에서도 산중의 왕인 호랑이가 막내의 장구소리에 푹 빠져서 마을로 내려올 때까지 덩실덩실 춤을 추면서 따라왔다. 막내아들은 그게 너무 재미있어서 무서운 것도 잊고 신이 나서 더욱 힘껏 장구를 쳤다. 막내는 호랑이를 끌고 이 마을 저 마을로 돌아다니면서 돈을 벌어 부자가 되었다. 그 춤추는 호랑이에 대한 소문이 삽시간에 나라 안에 퍼져서 마침내 임금님의 귀에까지 들어갔다. 임금님은 막내에게 거액을 주고 호랑이를 샀다. 그래서 막내아들은 더 큰 부자가 되었다.

전래동화 『아버지의 유물』은 착한 삼형제가 주인공인 해학적이고 환상적인 이야기이다. 이미 제목에서 알 수 있듯이, 아버지가 이 삼형제에게 물려준 '세 가지 유물遺物'이 동화의 가베Gabe,(주어진 물건, 하사품, 선물)로서 동화 줄거리 진행에 결정적인 역할을 한다. 동화 서두문에서 옛날 어느 시골에 가난한 아버지와 아들 삼형제가 살고 있었는데, 그는 너무 가난했기 때문에 죽을 때가 되었지만 아들들에게 남겨줄 유산이라고는 맷돌과 표주박과 대나무 지팡이와 장구뿐이었으며, 병든 아버지는 임종 시 세 아들을 불러서 첫째에게는 맷돌을, 둘째에게는 표주박과 대나무 지팡이를 그리고 셋째에게는 장구를 물려주었다가 언급된다.

다시 말해, 동화의 시작에서 나타나는 동화 주인공과 주변 환경에 대한 소개에서 주인공 삼형제와 그들의 아버지만 언급되지, 어머니는 서술되지 않는다. 어머니의 부재不在가 동화 모티브이긴 하지만, 이 동화에서는 별다른 영향을 미치지 않는다. 그 이유는, 일반적으로 어머니가 일찍 죽으면 아버지가 새장가를 가고, 계모繼母에 의해 본처의 자식들이 홀대와 설움을 받는데, 여기서는 줄거리가 사뭇 다르게 진행되기 때문이다.

사실 아버지가 물려준 유물은 별것이 아니다. 집도 돈도 금은보석도 아니다. 맏아들에게는 '맷돌'을 주었고, 둘째 아들에게는 '표주박과 대나무 지팡이'를, 그리고 셋째아들에게는 '장구'를 주었을 뿐이다. '맷돌', '표주박과 대나무 지팡이', '장구'는 동화의 가베이자 소도구로서 동화 주인공을 도와주는 결정적인 역할을 한다.

일반적으로 삼형제가 등장하는 동화에서는 막내가 주인공으로서 두 형을 구해 내고 집으로 귀향歸鄕하는 식으로 동화 줄거리가 진행되는데, 여기서는 삼형제가 각기各其 주인공으로서 동화 줄거리가 진행된다. 특히 삼형제가 아버지의 장례를 치루고 나서 물려준 '세 가지 유물'을 각자 들고 '세 갈래의 갈림길'에서 헤어지게 되는데, 여기부터 이 동화는 세 가지 줄거리(전반부 - 중반부 - 후반부)로 이야기가 전개된다고 할 수 있다.

그 전반부 이야기를 큰아들이 시작한다. 먼저, 큰아들은 맷돌을 등에 짊어지고 걷다가 숲속에 도착했을 때 날이 저문다. 큰아들은 잠자기 위해 커다란 나무위로 올라갔고, 거기서 맷돌을 가슴에 안고 잠이 들었다. 얼마 후 나무 밑에서 도둑들이 웅성거리는 소리가 났고, 훔친 보물을 서로 더 많이 갖겠다고 하는 소리였다. 잠에서 깬 첫째는 자기도 모르게 맷돌을 돌렸다. 그 소리에 도둑들은 깜짝 놀랐고, 하늘에서 천벌을 내리는 줄 알고 혼비백산하여 보물을 내버려 둔 채 도망쳤다. 그래서 큰아들은 그 보물로 큰 부자가 된다.

아버지의 유물인 맷돌은 곡식을 가는 데 쓰는 도구로서, 둥글넓적한 돌 두 개를 위아래로 포개 놓고, 윗돌의 가장자리에 손잡이 막대가 박혀 있는 무거운 도구이다. 그 무거운 맷돌이 아버지의 유물이기에 큰아들은 나무 위로 올라가면서도 등에 지고 올라갔다. 이 점에 주목해야 한다. 보통사람 같으면, 무거운 돌덩어리에 불과한 맷돌을 나무 아래에다가 놓아두고 혼자서 나무 위로 올라갔겠지만, 동화 주인공 큰아들은 유물을 소중이 다루는 착한 인물답게 자신과 함께 나무 위로 갖고 올라간 것이다.

오늘날 부모에게 받은 유산이 적은 자는 말할 것도 없고, 풍족한 자도 흥청망청 탕진해 버리는 게 일반적인 현상인데, 이 동화 주인공은 어찌 보면 하찮은 '맷돌'을 자신의 몸처럼 애지중지하고, 힘들면서도 함께 잠자리에 드는 것이다. 즉, '부자유친父子有親'의 정신답게 큰아들은 살아생전生前 아버지의 아들 사랑을 기억하며, 평소에 아버지를 잘 섬긴 착한 아들로 살아왔기에, 진정한 부자간의 도리道理를 아버지 사후事後에도 지키려는 것이다.

이러한 효심孝心이 보상받기에 충분하기 때문에, '도둑이 제 발 저리다'라는 속담처럼 나무 아래에 있던 도둑들이 보물을 나누어 가질 때, 큰아들은 무심코 나무 위에서 맷돌을 돌린다. 돌아간 맷돌소리에 도둑들은 깜짝 놀라게 되고, 결국 큰아들이 맷돌을 돌리자 벌을 받는 줄 알고 보물을 놔둔 채 도망치는 것이다.

동화 주인공 큰아들이 나무 위에서 아버지 유물인 맷돌을 무의식적으로 반 바퀴쯤 돌리게 되어, 자신의 정체가 드러나 도둑에게 죽임을 당할지도 모른다고 생각했을 텐데, 오히려 나무 아래에 있는 도둑들이 제 풀에 놀라서 겁을 내는 것을 보고, 의식적으로 맷돌을 마구 돌려서 도둑을 쫓아 버리고, 그들이 놓고 간 큰 보물을 얻게 되어 부자富者가 되었다는 전반부 이야기이다. 여기서 중요한 점은 도둑이 있는 나무 아래의 땅이 무의식 세계를 의미한다면, 큰아들이 있는 나무 위의 하늘은 의식 세계를 상징하는 것이다. 그래서 도둑의 보물을 큰아들이 얻었다는 것은 무의식의 밑바닥에 깊이 놓여 있는 자기Selbst, Self 세계를, 의식과 분별의 세계의 중심인 자아나, Ich, ego 세계로 끌어올려서 자기실현Selbstverwirklichung을 성취했다는 것을 의미한다. 여기서 전래동화 『아버지의 유물』의 전반부 이야기는 끝나고 중반부로 넘어간다.

동화의 중반부는 동화 주인공 둘째 아들의 체험담體驗談이다. 둘째 아들도 아버지의 유물인 표주박과 대나무 지팡이를 들고 정처 없이 길을 걸어가고 있는데, 어느새 날이 저문다. 마침 한 무덤 앞에 당도했기에 그는 그곳에 자리를 잡고 누워서 쉬고 있었고, 밤이 되어 사방이 깜깜해졌을 때 갑자기 유령이 나타나서 둘째에게 '어서 서둘러 가자'고 말했다. 둘째는 깜짝 놀랐지만 침착했고, 머리와 팔을 만져보자는 유령의 요구대로 표주박과 대나무 지팡이를 내밀어 목숨을 건질 수 있었다. 유령은 둘째를 친구로 알고 그에게 아랫마을에 사는 부잣집 외동딸의 혼을 꾀어 오자고 했다. 그리고는 유령은 그 집 담을 넘어가 딸의 혼을 주머니에 담아 왔고, 그것을 둘째에게 맡겼다. 날이 밝아오자 유령은 당황하면서 둘째만 남겨 둔 채 홀연히 사라진다. 둘째는 딸이 죽었다며 곡소리를 내는 부잣집으로 들어가서 딸의 혼을 다시 넣어 정신을 차리게 했다. 외동딸이 다시 살아나자 부잣집 영감은 둘째를 사위로 맞이하고 재산의 절반을 줬다.

둘째 아들 역시 아버지의 유물인 '표주박과 대나무 지팡이'를 소중히 간직하고 방랑하다가, 날이 저물자 어느 무덤이 있는 곳에 이르렀을 때, '유령幽靈'을 만나게 된다. '무덤'은 죽은 자가 매장되어 있는 곳으로서 인간의 영혼靈魂의 세계, 곧 무의식 세계를 상징한다. 그곳에 살고 있는 '유령' 또한 영적인 존재이자 무의식적 · 선험적 이미지인 '원형Archetypus'을 의미한다.

그러다 보니 유령은 죽은 자者로서 산 자인 둘째를 만나자, 사람 냄새가 난다고 하면서 머리를 만져보자고 한다. 둘째가 '표주박'을 내밀자 유령은 그것을 만지고는 자기 친구인 '해골'로 착각한다. 사실 유령은 '죽은 사람의 형상形象'이고, '귀신鬼神'으로서 '인간의 길흉화복吉凶禍福을 결정하여 숭배와 경외의 대상이 되는 존재'를 말한다. 그런 초현실적인 존재가 현실적인 존재를 만나게 되니, '사람냄새'를 운운云云하면서 두 가지 테스트test를 하게 되는데, 그 첫 번째가 해골 같은 머리를 가졌는가? 이고, 두 번째가 뼈다귀 같은 팔을 지녔는가? 이다. 이 두 테스트를 동화 주인공 둘째는 아버지의 유물인 '표주박'과 '대나무 지팡이'로 무사히 통과하는 것이다. 큰아들의 '맷돌'처럼 '표주박'과 '대나무 지팡이'가 동화의 가베이자 소도구로서 동화 주인공 둘째를 도와주는 결정적인 역할을 하는 것이다.

그래서 둘째는 유령의 친구가 되어 어느 부잣집으로 간다. 유령은 이 부잣집의 딸의 넋을 훔쳐 가지고 주머니에 담아 나와서 그 영혼을 둘째에게 맡긴다. 날이 밝아오자 유령은 허겁지겁 달아났다. 부잣집 딸의 영혼을 자루에 넣어 가지고 있는 둘째는 그 집으로 들어가서 "혹시 이 댁 따님이 간밤에 죽지 않았습니까?"라고 딸의 아버지에게 묻고, 그렇다고 하자, "제가 댁의 따님을 살려 보겠습니다."라고 자신 있게 말한다. 이미 수중에 딸의 넋이 있으니 둘째의 당당한 모습은 당연하지 않은가? '재산의 반을 주고, 사위를 삼겠노라'라는 전형적인 동화 줄거리 진행의 보상체계報償體系에 따라서 둘째는 부잣집 딸을 구해 내고, 그 딸과 '결혼'하는 것으로 동화의 중반부 이야기를 마무리 한다.

이제 마지막 후반부 이야기를 동화 주인공 막내가 시작한다. 막내아들도 아버지의 유물인 장구를 메고 하염없이 길을 가다가 산속으로 들어가게 된다. 그는 '산속에서 무서운 짐승이라도 만나면 어떻게 하지?'라고 생각하고는 장구를 치기 시작한다. 그러자 그 장구소리에 산속의 짐승들이 다 나와서 신명나게 춤을 춘다.

큰형이 숲속으로, 둘째형이 무덤으로 간 반면에, 막내는 산속으로 여행한다. 동화 주인공은 자기가 태어난 집을 떠나 세상 끝까지 편력하는 여행자이기 때문에, 삼형제 모두 아버지 유물을 몸에 지니고 돌아다니는 것이다. 이미 첫째와 둘째의 이야기로 전래동화 『아버지의 유물』의 줄거리의 3분의 2가 진행되었고, 이제 마지막 3분의 1 부분이 막내의 이야기로 막을 내리는 것이다.

산속에서 걸어가다 심심해진 막내가 아버지 유물인 '장구'를 치자, 온갖 '산짐승'이 그 소리를 듣고 몰려나오고, 흥에 겨워 춤을 춘다. 인간이 아니라 '호랑이, 늑대, 곰 등'의 짐승들이 춤을 춘다는 줄거리 설정設定이 놀랍고, 역시 동화세계에서나 가능한 현상이 환상적幻想的으로 묘사되었다고 하겠다. 동화는 인간이 상상想像해 낼 수 있는 모든 일들을 서술할 수 있는 장르genre이기 때문에, 이런 동물과 인간의 어울림이 전혀 어색하지가 않다. 다시금 인간과 동물이 자연 속에서 하나 되는 지상의 낙원이 그려지며, 그 유토피아Utopia는 동화나라에서 마음껏 발휘되는 것이다. 즉, 인간이 이상理想으로 그리는 가장 완벽하고 평화로운 사회社會가 인간과 동물과 자연이 하나 되는 꿈의 세계, 곧 동화의 세계에서 성취되는 것이다.

어쨌든 동화 주인공 막내가 '장구'를 치면서 동물들과 하나가 되어 신나게 놀고 있고, 그 중에서도 산중의 왕인 호랑이가 막내의 장구소리에 푹 빠져서 마을로 내려올 때까지 덩실덩실 춤을 추면서 따라왔다.

막내아들은 그게 너무 재미있어서 무서운 것도 잊고 신이 나서 더욱 힘껏 상구를 쳤다. 막내는 호랑이를 끌고 이 마을 저 마을로 돌아다니면서 돈을 벌어 부자가 되었고, 그 춤추는 호랑이에 대한 소문이 삽시간에 나라 안에 퍼져서 마침내 임금님의 귀에까지 들어갔다. 그래서 임금님은 막내에게 거액을 주고 호랑이를 샀고, 그래서 막내도 큰 부자가 되어 잘살게 되었다는 해피엔딩으로 전래동화 『아버지의 유물』은 끝나게 된다.

여기서 동화 줄거리가 모두 끝났기 때문에, 이후 삼형제가 서로 만났는지, 혹은 못 만나고 각자 부유하고 행복한 삶을 살았는지는 더 이상 알 수 없지만, 이 동화를 끝까지 읽은 독자라면, 이러한 '토론 Unterhaltung'을 할 수 있다는 점이 동화의 매력이라고 하겠다. 물론 다른 동화 버전에서는 부자가 된 삼형제가 다시 모여서 오래오래 행복하게 함께 살았다는 해피엔딩도 있다는 것을 부언한다.

여러분은 혹시 부모에게 물려받은 유산이나 유물이 있나요? 그것을 이미 팔아치웠거나 하찮은 것으로 여겨 엿을 바꿔 먹은 것은 아니겠죠? 부모의 유물에는 우리가 알지 못하는 신비로운 기운氣運이 있기 때문에, 틀림없이 많든 적든 간에 삶을 풍성하게 하는 귀한 토대土臺가 되리라 확신합니다.

17.

빨간 부채 파란 부채

『빨간 부채 파란 부채』

옛날에 가난한 나무꾼이 살고 있었다. 하루는 나무꾼이 산에서 나무를 하다가 지쳐서 도끼를 내려놓고 바닥에 누워 쉬고 있었다. 그가 누워서 하늘을 바라보다가 우연히 나뭇가지에 걸려 있는 두 개의 부채를 발견했다. 나무꾼은 벌떡 일어나 그 부채를 나뭇가지에서 잡았고, 자세히 보니 빨간 부채와 파란 부채였다. 나무꾼은 땀을 식히려고 먼저 빨간 부채를 가지고 부채질을 했다. 그랬더니 코끝이 점점 뜨거워지면서 코가 길어졌다. 나무꾼은 깜짝 놀랐고, 혹시 몰라서 이번에는 파란 부채로 부채질을 하니 길어졌던 코가 짧아졌다.

나무꾼은 서둘러 집으로 돌아가 부인에게 빨간 부채와 파란 부채를 보여줬다. 그리고 부인에게도 나무꾼이 빨간 부채를 부치니 코가 늘어났고, 다시 파란 부채를 부치니 다시 코가 짧아졌다. 나무꾼 부부는 요술 부채를 주웠다고 매우 기뻐했다.

나무꾼은 빨간 부채와 파란 부채를 어디에다 쓸까? 하고 생각을 하다가 부자 영감을 떠올렸다. 때마침 부자 영감은 환갑을 맞이하여 생일잔치를 벌였다. 나무꾼은 빨간 부채를 소매에 숨겨 가지고 환갑잔치에 가서 몰래 부자 영감에게 부채질을 했다. 부자 영감의 코가 점점 길어졌고, 너무 커져서 어찌할 바를 몰랐다. 나무꾼은 슬그머니 자리에서 일어나 자기 집으로 돌아갔다.

다음 날 부자 영감은 길어진 코를 다시 원상태로 되돌려 놓는 사람에게 재산의 반을 주기로 했다. 하지만 아무도 영감의 길어진 코를 고칠 수 있는 사람은 없었다. 그 소식을 듣고 나무꾼은 부자 영감 집에 가서 다시 원상태대로 자기가 코를 고쳐 주면 무엇을 주겠냐고 물었다. 영감은 기대 반 걱정 반으로 재산의 반을 주겠다고 말했다.

그러자 나무꾼은 영감에게 눈을 감으라고 했고, 파란 부채로 부채질을 했다. 다시 원상태로 돌아온 부자 영감의 코를 확인한 나무꾼은 파란 부채를 소매 속에 감추고는 이제 눈을 떠도 좋다고 했다. 신기하게도 제자리로 돌아온 코를 만지작거리던 부자 영감은 나무꾼에게 재산의 절반을 나눠 줬다. 그래서 나무꾼은 요술 부채 덕분에 큰 부자가 되었다.

어느 날 나무꾼은 자기 집 대청마루에 누워 낮잠을 자고 있었다. 빨간 부채와 파란 부채를 곁에 두고 잠들었는데, 이때 부자 영감의 고양이가 와서 그 요술 부채들을 입에 물고 부자 영감에게 가져갔다. 빨간 부채와 파란 부채를 고양이 입에서 받은 부자 영감은 그 부채로 고양이에게 부쳐 보았다. 먼저 빨간 부채를 부쳤더니 고양이 코가 늘어났고, 반대로 파란 부채를 부쳤더니 이번에는 고양이 코가 줄어들었다.

그제야 부자 영감은 나무꾼에게 속은 것을 알고는 나무꾼의 집으로 달려가 아직 자고 있는 나무꾼에게 빨간 부채로 부쳤다. 나무꾼의 코가 점점 커져서 하늘에 닿을 만큼 부친 다음에 부자 영감은 집으로 돌아갔다.

잠결에 코가 점점 커진 것을 느낀 나무꾼은 잠에서 깨어나자 코가 너무 커진 것을 알고는 파란 부채를 찾았다. 그러나 그 어디에도 요술 부채는 없었다. 이때 부자 영감이 다시 왔고 파란 부채를 보여주면서 나무꾼에게 코를 고쳐 주면 뭘 주겠느냐고 물었다. 그러자 나무꾼은 재산의 절반을 준다고 했다. 부자 영감은 나무꾼의 재산 전체가 자기 것이었다고 말하면서 모든 재산을 돌려주면 파란 부채로 부쳐 주겠노라고 했다. 나무꾼은 어쩔 수 없이 동의했고, 부자 영감은 파란 부채로 나무꾼의 코를 원래대로 돌려놨다.

전래동화 『빨간 부채 파란 부채』는 빨간색과 파란색의 요술 부채를 소재로 한 해학적이고 신비로운 이야기이다. 즉, 빨간 부채를 부치면 코가 늘어나고, 파란 부채를 부치면 다시 줄어드는 환상적인 이야기란 뜻이다. 이것은 곧 음陰과 양陽의 조화調和, 플러스와 마이너스의 조화, 불火과 물水의 조화, 무의식과 의식의 조화, 열정熱情과 냉정冷情의 조화, 좌左와 우右의 조화, 양극성兩極性의 통일統一을 의미하는 것이다.

물론 제목에서 빨간 부채와 파란 부채가 명기되었다고 해서 부채가 동화 주인공은 아니다. 그 부채를 소유한 나무꾼이 동화 주인공이고, 두 가지 부채는 주인공이 필요한 순간에 사용되었다가 사라지는 독특한 동화의 가베Gabe(주어진 물건, 하사품, 선물)인 것이다. 동화의 출발 상황에서 동화 주인공과 그가 처한 상황이 소개되듯이 옛날에 가난한 나무꾼이 살고 있었고, 하루는 나무꾼이 산에서 나무를 하다가 지쳐서 도끼를 내려놓고 바닥에 누워 쉬고 있었다는 식으로 동화가 시작된다. 더욱이 나무꾼이 두 개의 부채를 얻게 되는 장면은 그가 누워서 하늘을 바라보다가 우연히 나뭇가지에 걸려 있는 두 개의 부채를 발견했고, 벌떡 일어나 그 부채를 나뭇가지에서 잡았으며, 자세히 보니 빨간 부채와 파란 부채였다는 것이다. 부채를 테스트하기 위해 나무꾼은 땀을 식히려고 먼저 빨간 부채를 가지고 부채질을 했더니 코끝이 점점 뜨거워지면서 코가 길어졌고, 나무꾼이 깜짝 놀라서 이번에는 파란 부채로 부채질을 하니 길어졌던 코가 짧아졌다.

다시 말해, 동화 주인공 나무꾼이 산에 가서 나무를 하다가 '빨간 부채와 파란 부채'를 줍게 되는데, 직업을 나무꾼으로 서술한 것은 동화 인물의 행동 유형行動類型에 알맞은 직업職業 분류로서 적절한 표현이라고 하겠다. 물론 다른 동화 버전에서는 나무꾼 대신에 농부로 주인공을 서술하기도 하는데, 내용상 나무꾼이 더 적합한 표현이라고 할 수 있다. 아무튼 나무꾼은 산에서 주운 두 가지 부채를 바로 테스트한다. 그가 빨간 부채를 부치니, 코가 늘어나고, 반대로 파란 부채를 부치니 코가 줄어드는 것이다. 그래서 농부는 이 두 가지 부채가 요술부채라는 것을 인식한다.

빨간 부채가 양陽, 플러스, 불火, 무의식, 열정熱情, 좌左를 의미한다면, 파란 부채는 음陰, 마이너스, 물水, 의식, 냉정冷情, 우右를 상징한다. 그래서 빨간 부채와 파란 부채를 용도에 알맞게 조절해서 사용한다는 것은 바로 음陰과 양陽의 조화, 플러스와 마이너스의 조화, 불火과 물水의 조화, 무의식과 의식의 조화, 열정熱情과 냉정冷情의 조화, 좌左와 우右의 조화, 양극성兩極性의 통일統一을 상징하는 것이다.

이러한 조화는 인간의 삶에서도 그대로 적용되는데, 좌나 우로 한쪽으로 치우치지 않고 스스로 자신의 생각과 행동, 감정과 마음 등을 절제하고 조절하는 '마인드 컨트롤mind control'이 건강하고 안정된 인생人生을 영위營爲하게 한다는 말이다. 즉, 빨간 부채와 파란 부채를 적절하고 조화롭게 사용한다는 것은, 과하거나 부족함이 없이 떳떳하며 한쪽으로 치우침이 없는 상태나 정도인 '중용中庸의 도道'를 깨닫게 하는 것을 의미한다. 이 중용의 도가 양극성의 통일이고, 인간이 모든 행동에서 본받아야 할 원칙原則이며, 나라를 다스리는 근본根本이고, 세상의 정해진 이치理致라고 말할 수 있다.

나무꾼은 빨간 부채와 파란 부채를 자신에게 테스트해 본 뒤에, 타인에게도 효험效驗이 있는지 그의 아내에게 요술 부채를 시험해 본다. 그래서 나무꾼은 서둘러 집으로 돌아가 부인에게 빨간 부채와 파란 부채를 보여줬고, 부인에게도 빨간 부채를 부치니 코가 늘어났고, 파란 부채를 부치니 다시 코가 짧아져서 요술 부채의 성능이 증명된 것이다. 혹자는 왜 요술 부채를 부치면, 코만 커졌다 작아졌다 하는지 모르겠다고 하면서, 신체적인 약점이 있는 부분에 부치면 더욱 효과가 있는 것이 아닐까 반문할지 모른다. 예를 들면, 키가 작은 자에게 빨간 부채를 부쳐 키를 크게 한다든지, 혹은 살이 뚱뚱하게 찐 자에게 파란 부채를 부쳐 날씬하게 한다든지 등등, 얼마든지 다양한 분야에서 요술 부채를 훨씬 더 요긴하게 쓸 수 있을 거라고 생각할 것이다.

그러나 이 동화에서 요술 부채의 효능을 오직 코에만 적용한 것은 인간의 신체 중에서 가장 잘 보이는 부분이 얼굴이고, 그 얼굴 가운데에서도 코가 중심이 되기 때문에 인체人體의 대표代表로서 코에만 부채의 효험을 테스트하는 것이라고 말할 수 있다. 실례로 추운 겨울날 남녀를 대상으로 영하의 날씨에 실외에서 어느 부분이 가장 먼저 날씨에 반응하는지를 테스트하니, 남녀 모두 코가 제일 먼저 온도가 낮아졌다는 것이다. 그만큼 코가 민감하고 중요한부분이라는 뜻이다.

아내에게 요술 부채의 효능을 검증한 나무꾼은 이 도구로 돈벌이를 할 것을 기획한다. 나무꾼은 우선 빨간 부채만 가지고 '부잣집 환갑잔치'에 참여한다. 다시 말해, 나무꾼은 빨간 부채와 파란 부채를 어디에다 쓸까? 하고 생각을 하다가 부자 영감을 떠올렸다. 때마침 부자 영감은 환갑을 맞이하여 생일잔치를 벌였고, 나무꾼은 빨간 부채를 소매에 숨겨 가지고 환갑잔치에 가서 몰래 부자 영감에게 부채질을 했다. 부자 영감의 코가 점점 길어졌고, 너무 커져서 어찌할 바를 몰랐다. 그러자 나무꾼은 슬그머니 자리에서 일어나 자기 집으로 돌아갔다.

'환갑環甲'은 우리 나이로 61세를 말한다. 요즘이야 61세가 노인 축에도 못 들지만, 수십 년 전만 해도 '환갑노인還甲老人'이라고 하여 성대한 잔치를 베풀어 그 나이 때까지 산 것을 축하祝賀하고, 무병장수無病長壽를 기원하곤 했다. 더군다나 이 동화에서 얘기하는 환갑잔치는 시기가 '옛날'이므로 아마도 굉장히 적은 숫자의 사람들이 환갑까지 살 수 있어서 베푼 생일잔치를 말하며, 오늘날로 치면 '백수白壽,(99세)잔치'를 의미한다고 하겠다.

아무튼 즐겁고 경사스런 날에, 나무꾼이 돈벌이를 위해 의도적으로 부잣집 영감에게 접근하여 빨간 부채를 부치면서, 마치 더위를 식혀 주는 듯이 행동하는 것은 남을 속여 이득을 꾀하는 전형적인 '사기꾼'의 모습이다. 더욱이 한창 환갑잔치가 무르익어 가는 중에 그 주인공인 영감이 연신 '술'을 마셔대니 그 취기醉氣가 얼마나 뜨겁게 느껴지겠는가? 그러한 열기熱氣 가운데 있는 영감에게 빨간 부채를 부친다는 것은 '불에 기름을 붓는 격'이라고 할 수 있으며, 영감은 취중에 자신의 코가 늘어나는 것을 전혀 느끼지 못한다. 그러다가 환갑잔치에 참석하여 춤을 추던 사람들이 "아니, 어르신네 코가 왜 그렇게 길어졌나요?"라고 지적하자 영감은 코를 만져 보고 나서야 자기 코가 커진 것을 알아채는 것이다. 그 와중에 나무꾼은 도망치고, 잔칫집은 일순간

상갓집처럼 흥興이 다 깨져 버렸다. 다시 말해, 술로 인해 영감의 몸이 열기로 가득 찼는데, 불火의 상징인 빨간 부채를 부쳐 댔으니, 그 열기가 얼마나 대단했을 거라는 것은 쉽게 알 수 있을 것이다. 그래서 다음 날 부자 영감은 길어진 코를 다시 원상태로 되돌려 놓는 사람에게 재산의 반을 주기로 한다. 하지만 아무도 영감의 길어진 코를 고칠 수 있는 사람은 없었다. 그 소식을 듣고 나무꾼은 부자 영감 집에 가서 다시 한 번 자기가 코를 고쳐 주면 무엇을 주겠냐고 물었고, 영감은 기대 반 걱정 반으로 재산의 반을 주겠다고 말했다.

파란 부채를 가지고 '콧병'에 걸린 부자 영감을 찾아간 나무꾼은 돈벌이를 목적으로 기획한 일이 계획計劃대로 진행되었기 때문에, 콧병을 고치는 대가代價에만 관심이 있다. '재산의 반'을 주겠다는 부자 영감의 대답에 나무꾼은 마른 침을 삼키며, "자네가 고칠 수 있겠어? 의사도 못 고쳤는데, 안 돼!"라고 외치면서 진료를 거부하는 부자 영감의 코를 파란 부채로 원상태로 되돌려 놓는다. 음陰의 상징인 파란 부채가 그 효능을 발휘한 것이며, 이것은 곧 음과 양의 조화로 인한 양극성의 통일을 성취한 거라고 말할 수 있다. 신기하게도 제자리로 돌아온 코를 만지작거리던 부자 영감은 나무꾼에게 재산의 절반을 나눠 준다. 그래서 나무꾼은 요술 부채 덕분에 큰 부자가 되었다.

부자가 된 나무꾼의 이야기로 이 동화가 여기서 끝날 수도 있었는데, 사기꾼으로 동화 주인공을 마무리하기에는 부담이 있었는지, 선조들은 부당한 이익을 취한 나무꾼을 벌 받게 하는 내용으로 동화 후반부를 진행한다. 어느 날 나무꾼은 빨간 부채와 파란 부채를 곁에 두고 자기 집 대청마루에 누워 낮잠을 자고 있었다. 이때 부자 영감의 고양이가 와서 그 요술 부채들을 입에 물고 부자 영감에게 가져간다. 부자가 된 나무꾼이 할 일 없이 대낮에 대청마루에서 낮잠을 자고 있으니, 동화 시작에서 산에 가서 나무를 하던 모습과는 매우 대조적으로, 게으르고 나태한 생활을 하고 있음을 짐작할 수 있다. 그럼에도 불구하고 그는 두 개의 요술 부채를 신주神主 모시듯이 곁에 두고 잠이 든 것이다. 이때 부자 영감네 고양이가 나타나서 빨간 부채와 파란 부채를 입에 물고 부자 영감에게 가져다주는 일이 발생했다. 고양이는 부자 영감의 사신使臣으로서 나무꾼의 사기행각을 폭로하기 위해 이곳에 등장한 것이며, 나무꾼 입장에서 보면 가해자이지만, 부자 영감에게는 조력자의 역할을 한다고 말할 수 있다.

아무튼 부자 영감은 대번에 두 요술 부채의 임자가 코를 치료해 준 사람임을 알아챘고, 환갑잔치 당시의 부채 부쳐 준 일을 기억하고는 자신의 고양이에게 빨간 부채와 파란 부채의 효능을 시험한다. 즉, 빨간 부채와 파란 부채를 고양이 입에서 받은 부자 영감은 그 부채로 고양이에게 부쳐 보는데, 먼저 빨간 부채를 부쳤더니 고양이 코가 늘어났고, 반대로 파란 부채를 부쳤더니 이번에는 고양이 코가 줄어드는 게 아닌가?

고양이를 상대로 테스트에 성공한 부자 영감은 요술 부채를 들고는 바로 나무꾼의 집으로 달려간다. 세상모르게 낮잠을 자고 있는 나무꾼에게 부자 영감은 빨간 부채를 마구 부쳐 댔다. 하늘을 찌를 듯이 커진 나무꾼의 코를 확인한 부자 영감은 재빨리 집으로 돌아간다. 잠에서 깨어난 나무꾼은 우선 자기 코가 커진 게, 자면서 빨간 부채를 부친 게 원인이라고 생각한다. 하지만 빨간 부채도 파란 부채도 수중에 없다는 것을 깨닫자 심히 당황하며, '아이고, 이 일을 어떻게 하나! 움직이면 코가 부러질 텐데'라고 탄식한다. 그때 부자 영감이 찾아와서 나무꾼의 콧병을 고쳐 주면 무엇을 보상할지를 묻는다. 그러자 나무꾼은 재산의 절반을 준다고 한다. 부자 영감은 나무꾼의 재산 전체가 자기 것이었다고 말하면서 모든 재산을 돌려주면 콧병을 고쳐 주겠노라고 했다. 나무꾼은 어쩔 수 없이 동의했고, 부자 영감은 파란 부채로 나무꾼의 코를 원래대로 돌려놨다.

거저 얻은 재산을 다 빼앗겼지만, 그래도 나무꾼의 코를 원래대로 되돌리고 동화 줄거리가 끝난 점이, 전래동화 『빨간 부채 파란 부채』가 '행복동화'로서 독자들의 마음을 안심시켰다고 할 수 있다. 모든 일은 반드시 바른길로 돌아가게 마련이라는 '사필귀정事必歸正'의 교훈이 여기서 피력披瀝된 것이며, 귀한 요술 부채를 얻어서 나쁜 일에 쓴 나무꾼의 마음과 행동에 일침一針을 가한 거라고 할 수 있다.

인간의 정신마음, 심리 속에는 빨간 부채와 파란 부채처럼 음陰과 양陽, 무의식과 의식, 열정熱情과 냉정冷情 등의 양극적인 요소가 공존하기 때문에, 그것들을 조화롭게 통일시켜 밖으로 표출하는 일이 매우 중요한 것이다. 그러므로 좌로나 우로 치우치지 않는 '중용中庸의 도道'가 양극성의 통일, 모든 행동의 원칙原則, 나라를 다스리는 근본根本, 세상의 정해진 이치理致 등으로서 새삼 주목받는 동화 힐링과 동화 테라피의 덕목德目이라고 말할 수 있다.

18.

백일홍 이야기

『백일홍 이야기』

옛날 어느 어촌 앞 바다에 머리가 셋이 달린 용이 살고 있었다. 마을 사람들은 이 용에게 해마다 처녀를 제물로 바치고 있었다. 처녀를 바치지 않으면 어부들이 바다로 나가 고기잡이를 할 때 풍랑을 일으켜서 배를 뒤집어 버리기 때문이다.

이번 해에도 한 처녀가 용에게 바쳐질 차례가 되어 그 집뿐만 아니라 마을 전체가 슬픔에 빠져 있었다. 그때 어디선가 용감한 무사가 나타났고, 그 이야기를 듣더니 자신이 용을 처치하겠으니 걱정하지 말라고 했다. 이미 많은 젊은이들이 바다로 뛰어들어 용과 싸웠으나 살아 돌아온 자는 단 한 명도 없었다.

제물로 바쳐질 처녀와 가족에게 용감한 무사는 배를 타고 바다로 나가 용과 싸워 자신이 이기고 돌아오면 백기를, 자신이 지고 돌아오면 붉은 기를 달고 오겠다고 말했다. 그러고 나서 무사는 처녀로 가장하여 배를 몰고 바다로 나갔다.

용감한 무사가 탄 배가 바다 한가운데로 나가니 파도가 거세지면서 머리가 세 개 달린 용이 나타났다. 용감한 무사는 용이 나타나자 힘껏 달려들어 칼로 쳐서 용의 목 하나를 잘랐다. 피를 흘리는 용은 잠시 물속에 들어갔다가 다시 나와서는 무사를 공격했다. 이에 용감한 무사는 있는 힘을 다해 칼을 휘둘렀고, 마침내 또 하나의 용의 머리를 잘라 냈다. 머리 세 개 중 두 개를 잃은 용은 피를 토한 채 바닷속으로 사라졌다. 거칠게 일던 풍랑도 잔잔해졌고, 싸우다 지친 무사도 순간 정신을 잃고 배 위에 쓰러져 누워 있었다.

잠시 후 정신을 차린 용감한 무사는 다시 어촌으로 뱃머리를 돌렸다. 이제나저제나 무사히 무사가 돌아오기만을 학수고대하던 처녀와 어촌 사람들은 부둣가에 모여서 백기 단 배가 돌아오기를 염원하고 있었다. 그때 마을 사람들 눈에 무사가 탄 배가 먼발치에서 보였다. 그러나 백기가 아닌 붉은 기가 달린 배였다. 실망한 처녀와 마을 사람들은 자리에 털썩 주저앉았고 용감한 무사를 애도하는 슬픈 표정을 지었다.

배가 점점 부둣가로 접근하자 배 위에서 용감한 무사가 두 손을 흔들면서 환하게 웃고 있는 모습이 보였다. 어촌 사람들은 일제히 '와' 하며 환성을 질렀고, 배로 몰려가 용감한 무사를 환영했다. 잠시 실망하여 졸도했던 처녀도 환하게 웃으면서 용감한 무사를 맞이했다.

처녀는 보은의 뜻으로 무사에게 혼인을 청했다. 사실 용감한 무사는 이 나라의 왕자였고, 전쟁터에 나가는 길에 잠시 이곳을 지나다가 용과 싸우게 된 것이다. 왕자도 처녀가 마음에 들었기 때문에 백 일만 기다리면 전쟁을 끝내고 돌아오겠다고 약속했다.

이번에도 왕자는 처녀에게 백기를 단 배로 돌아오면 승리하여 생환하는 것이고, 붉은 기를 단 배로 돌아오면 패배하여 주검으로 돌아오는 줄 알라고 말하고는 떠나갔다.

그 뒤 처녀는 백 일을 손꼽아 기다리며 날마다 높은 산에 올라가서 수평선을 지켜보았다. 이윽고 백 일이 되자 수평선 위에 왕자가 탄 배가 나타났고, 점점 다가왔으나 붉은 기가 펄럭이고 있었다. 처녀는 절망한 나머지 그 자리에서 자결을 하고 말았다.

그러나 사실은 왕자가 전쟁을 마치고 돌아오는 길에 목이 하나 남아 있던 용과 다시 싸워서 그 피가 백기를 붉게 물들였던 것이다. 그 뒤 처녀가 죽은 자리에서 이름 모를 꽃이 피어났는데, 백일기도를 하던 처녀의 넋이 꽃으로 피어났다 하여 백일홍이라 불렀다.

전래동화 『백일홍 이야기』는 늦여름에 붉은 다섯잎꽃이 백 일 동안 핀다는 '백일홍百日紅'에 대한 유래를 소개하는 이야기이지만, 용맹스러운 왕자와 그를 기다리다 꽃이 된 여인의 러브스토리이기도 하다.

보통 동화의 서두문에서 주인공 또는 미래주인공과 주변 사람들과 처해진 환경이 서술되는 반면에, 이 동화의 시작에서는 바다에 사는 용에게 해마다 마을 처녀를 바쳐야 된다는 불행不幸 상황狀況이 소개된다. 그래서 옛날 어느 어촌 앞 바다에 머리가 셋이 달린 용이 살고 있었고, 마을 사람들은 이 용에게 해마다 처녀를 제물로 바치고 있었다. 처녀를 바치지 않으면 어부들이 바다로 나가 고기잡이를 할 때 풍랑을 일으켜서 배를 뒤집어 버리기 때문이다. 즉, 동화 등장인물 중에 적수이자 가해자인 '용龍'이 마치 주인공처럼 동화 서두문을 장식하지만, 실제로 제목에서 언급한 '백일홍'이 되는 여인이 제사로 바쳐질 처녀들 가운데 하나이기에, 이렇게 동화 줄거리를 시작한다고 하겠다.

용은 인간의 상상想像의 동물 가운데 하나로서, 몸이 거대한 뱀과 비슷하고 날개와 뿔이 있으며 긴 얼굴에 입가에는 수염이 있는 상서로운 동물이다. 즉, 용은 인간의 집단적 무의식에 자리 잡고 있는 원형原型으로서 신성한 자연력의 하나이며, 물속을 통치하는 왕으로 간주되기도 한다. 그러니 물속나라의 왕을 용왕龍王이라고 부르지 않는가? 어쨌거나 전래동화 『백일홍 이야기』에서도 용은 바다에 살고 있으며, 처녀를 바치지 않으면 고기잡이배를 뒤집어 마을 사람들의 생계를 위협하는 악랄한 존재이다.

이 어촌 마을에 무사 차림의 한 청년이 나타나는데, 그가 이 동화의 주인공 왕자이다. 사실 왕자는 전쟁터로 가는 길에 이 마을을 지나가다가, 동화의 여주인공 처녀가 제물로 바쳐진다는 얘기를 듣고, 그 못된 용을 해치우려는 것이다. 제물로 바쳐질 처녀와 가족에게 용감한 무사는 배를 타고 바다로 나가 용과 싸워 자신이 이기고 돌아오면 백기를, 자신이 지고 돌아오면 붉은 기를 달고 오겠다고 말한다.

다시 말해, 이기면 흰 기를, 지면 붉은 기를 달고 오겠다는 왕자의 말에서, 고대 설화에서 즐겨 쓰던 '깃발 모티브'가 나타나며, 그 깃발을 통해 먼 곳에서도 이겼는지 혹은 졌는지를 알 수 있는 '승패勝敗의 상징'을 의미하는 것이다. 즉, 하얀 깃발은 승리를, 반대로 붉은 깃발은 패배를 상징하는 것이다. 그래서 용감한 무사가 탄 배가 바다 한가운데로 나가니 파도가 거세지면서 머리가 세 개 달린 용이 나타났다. 용감한 무사는 용이 나타나자 힘껏 달려들어 칼로 쳐서 용의 목 하나를 잘랐고, 피를 흘리는 용은 잠시 물속에 들어갔다가 다시 나와서는 무사를 공격했다. 이에 용감한 무사는 있는 힘을 다해 칼을 휘둘렀고, 마침내 또 하나의 용의 머리를 잘라 냈다. 머리 세 개 중 두 개를 잃은 용은 피를 토한 채 바닷속으로 사라졌고, 거칠게 일던 풍랑도 잔잔해졌으며, 싸우다 지친 무사도 순간 정신을 잃고 배 위에 쓰러져 누워 있었다. 잠시 후 정신을 차린 용감한 무사는 다시 어촌으로 뱃머리를 돌렸다.

머리가 세 개나 달린 용과 무사인 왕자의 싸움에서 결국 왕자가 용의 머리 두 개를 베어 버리자, 용은 바닷속으로 사라진다. 왕자가 온 힘을 다해 용을 이겼다는 사실은, 'Es{(에스, 그것)', '원초아', '무의식적 욕망', '원본능' 또는 '이드(id)'} 속에 자리 잡은 '리비도Libido(본능적 에너지, 성욕, 성충동)'와 '데스트루도Destrudo(파괴욕, 파멸충동)'를 극복했다는 것을 의미한다. 다시 말해, 왕자는 자신의 무의식에 자리 잡고 있는 본능적 에너지인 용을, 이성적 에너지인 에고와, 도덕적 에너지인 슈퍼에고를 통해 극복하는 것이라고 말할 수 있다. 그러므로 인간이 용과 같은 두려운 존재를 만났을 때, 지래 겁을 먹고 꼬리를 내리거나 도망치거나 제물을 바치거나 해서는 안 되며, 왕자처럼 당당하게 맞서서 싸워 이겨야 한다는 것이다. 이제나 저제나 무사히 무사가 돌아오기만을 학수고대하던 처녀와 어촌 사람들은 부둣가에 모여서 백기 단 배가 돌아오기를 염원하고 있었다. 그때 마을 사람들 눈에 무사가 탄 배가 먼발치에서 보였다. 그러나 백기가 아닌 붉은 기가 달린 배였다. 실망한 처녀와 마을 사람들은 자리에 털썩 주저앉았고 용감한 무사를 애도하는 슬픈 표정을 지었다.

다시 말해, 흰 깃발을 달고 돌아오는 배를 학수고대鶴首苦待하던 처녀는 왕자의 배에 '붉은 기'가 보이자 낙심하며, 그 자리에서 쓰러진다. 하지만 용과 싸워 피투성이가 된 왕자가 배 위에서 두 손을 흔들면서 환하게 웃고 있는 모습이 보이자 마을 사람들은 환호성을 지르고, 흰 깃발이 피에 묻어 붉게 된 것을 알게 된다. 그러자 처녀의 아버지가 쓰러진 딸을 흔들어 깨웠고, 다시 깨어난 처녀는 기쁨의 눈물을 흘린다. 처녀는 보은의 뜻으로 무사에게 청혼한다. 사실 용감한 무사는 이 나라의 왕자였고, 전쟁터에 나가는 길에 잠시 이곳을 지나다가 용과 싸우게 된 것이다. 일반적으로 청혼은 남자가 여자에게 하는 것인데,

제물로 사라질 운명에서 구원해준 왕자에게 몸을 바치는 심정으로 처녀가 청혼을 하는 것이다.

왕자도 처녀가 마음에 들었기 때문에 백 일만 기다리면 전쟁을 끝내고 돌아오겠다고 약속했다. 왕자는 '행동적인 남성으로서 전쟁영웅의 이미지'인 아니무스의 두 번째 단계의 남성상男性像이라고 할 수 있다. 그러한 멋진 존재가 "싸움이 끝나고 돌아오는 길에 처녀를 제 아내로 맞이하겠으니, 백 일만 기다려 주십시오."라고 말하니, 기다리지 않을 처녀가 어디에 있겠는가?

더욱이 이번에도 왕자는 처녀에게 백기를 단 배로 돌아오면 승리하여 생환하는 것이고, 붉은 기를 단 배로 돌아오면 패배하여 주검으로 돌아오는 줄 알라고 말하고는 전쟁터로 떠나갔다. 그 후 처녀는 백 일을 손꼽아 기다리며 날마다 높은 산에 올라가서 수평선을 지켜보았다. 이윽고 백 일이 되자 수평선 위에 왕자가 탄 배가 나타났고, 점점 다가왔으나 붉은 기가 펄럭이고 있었다. 처녀는 절망한 나머지 그 자리에서 자결을 하고 말았다. 그러나 사실은 왕자가 전쟁을 마치고 돌아오는 길에 목이 하나 남아 있던 용과 다시 싸워서 그 피가 백기를 붉게 물들였던 것이다. 그 뒤 처녀가 죽은 자리에서 이름 모를 꽃이 피어났는데, 백일기도를 하던 처녀의 넋이 꽃으로 피어났다 하여 백일홍이라 불렀다고 한다.

'오, 그대가 죽어서 꽃이 되었구려!'라는 왕자의 탄식에서 청혼한 처녀에 대한 그리움이 표현되며, 못다 이룬 러브스토리가 막을 내리는 것이다. 만약에 왕자가 그 마을에 처음 왔을 때, 제물로 바쳐질 처녀가 그의 마음에 들지 않았다면, 그렇게 죽기 살기로 용과 싸웠겠는가? 또한 용을 물리치고 돌아오자마자 출정을 하면서 그 처녀에게 청혼하고, 돌아올 때까지 기다리라고 할 수 있었겠는가? 더욱이 백 일이 지나 돌아온 왕자가 약혼녀가 죽었다는 소식에 '통곡'을 하면서 '명복'을 빌었겠는가? 따라서 이 처녀야말로 왕자의 '낭만적이고 미적 수준'의 두 번째 단계의 아니마라고 말할 수 있다. 그러므로 '백일홍'으로 다시 태어난 처녀와 그 꽃 앞에 무릎을 꿇고 애통해하는 왕자는 모두 '4단계의 발전단계' 중 두 번째 단계의 아니무스와 아니마의 표출이며, 못다 이룬 사랑의 결실을 '백일홍' 꽃으로 승화시켜 매듭진 것이라 할 수 있다.

여러분은 백일홍의 꽃말이 무엇인지 아세요? '그리움'입니다. 백일홍을 볼 때마다 전래동화 『백일홍 이야기』를 기억하고, 슬프지만 아름다운 사랑이야기로 승화시키길 기대합니다.

19.

진짜 어머니를 찾은 원님의 지혜

『진짜 어머니를 찾은 원님의 지혜』

옛날 어느 마을에 부자 영감이 살고 있었다. 그는 혼례를 한 부인이 있었는데, 오랫동안 같이 살았는데도 아이가 생기지 않았다. 그래서 부자 영감은 첩을 들여서 자식을 낳아 대를 이으려고 했다.

그런데 공교롭게도 첩이 임신하자 동시에 부인도 애가 생겼다. 열 달이 지나서 두 사람 다 애를 낳았는데, 첩은 딸을 낳았고, 부인은 아들을 낳았다. 사실 첩은 아들을 낳지 못하면 집에서 쫓겨나는 게 그 당시 관습이었기 때문에, 아들을 낳은 부인은 싱글벙글했고, 딸을 낳은 첩은 죽을 맛이었다. 그러자 첩은 꾀를 내어 자기 아기와 부인의 아기를 바꿔치기했다. 부인이 자리를 비운 사이에 첩이 심복을 시켜 몰래 아기를 바꿔치기한 것이다.

아기가 바뀐 것을 알아챈 부인은 관아로 달려가 원님에게 이 사실을 고했다. 원님은 첩과 바꿔 간 아기를 함께 관아로 불러들였다. 지혜로운 원님은 부인과 첩 사이에 아기를 놓고 재판을 시작했다.

부인과 첩은 서로 제 아기라고 원님 앞에서 다투고 싸웠다. 원님은 두 여인이 다투는 말만 듣고는 어느 여인이 진짜 어머니인지 알 수가 없었다. 그때 지혜로운 원님은 한 꾀를 생각했고, 아기를 가운데 놓고 두 여인에게 자기 아기라면 서로 잡아당겨서 가져가라고 명령했다.

부인과 첩은 아기를 차지하려는 마음에 양옆에서 팔을 잡아당겼다. 첩은 사정없이 아기의 팔을 잡아당겼으나, 부인은 아기의 팔을 붙잡은 채 잡아당기지 못하고 울면서 끌려갔다.

지혜로운 원님은 그만하라고 말하면서 아기의 팔을 잡아당기지 못한 부인에게 아기를 주도록 했다. 그 이유는 아기의 팔을 마구 잡아당기는 첩은 제 자식이 아니니 아기가 아프든 말든 상관없이 팔을 잡아당겼고, 그와는 반대로 아기의 팔을 차마 당기지 못한 어머니는 아기가 다칠까 봐 그랬던 것이라고 생각했기 때문이다.

지혜로운 원님의 현명한 판결 덕분에 아기는 진짜 어머니를 찾게 되었고, 아기를 바꿔치기했던 첩은 벌을 받게 되었다.

전래동화 『진짜 어머니를 찾은 원님의 지혜』는 솔로몬의 재판을 생각나게 하는 지혜로운 원님 이야기이다. 솔로몬의 재판(왕상3:16-28)은 구약 시대에 솔로몬 왕이 창녀 두 명이 아들 하나를 놓고 서로 자기 아이라고 우기자, 살아 있는 아이를 반으로 쪼개어 서로 나누어 주라고 했는데, 진짜 엄마는 안 된다고 하며 차라리 다른 여인에게 주겠다하고, 가짜 엄마는 그렇게라도 나눠 달라고 하니, 당연히 죽이지 말라는 여인을 진짜 엄마로 판결한 유명한 이야기이다.

전래동화 『진짜 어머니를 찾은 원님의 지혜』에서도 비슷하게 아들 하나를 놓고 진짜와 가짜 어머니를 가려내는 판결을 하는 원님의 지혜를 알 수 있다. 즉, 지혜롭고 명쾌한 원님의 판결이 세상의 '가치관과 규범Wert- und Normvorstellung'에 대한 '명령Gebot, 법칙, 계율'과 '금지Verbot'로서 '초자아Über-Ich', 곧 '슈퍼에고super-ego'의 결과물로 파생한 것이다. 이야기의 시작은 옛날 어느 마을에 부자 영감이 살고 있었고, 혼례를 한 부인이 있었는데, 오랫동안 같이 살았는데도 아이가 생기지 않았다. 그래서 부자 영감은 첩을 들여서 자식을 낳아 대를 이으려고 했는데 공교롭게도 첩이 임신하자 동시에 부인도 애가 생겼다. 열 달이 지나서 두 사람 다 애를 낳았는데, 첩은 딸을 낳았고, 부인은 아들을 낳았다.

본부인과 첩, 진짜와 가짜 어머니, 불행의 씨앗은 역시 '남존여비男尊女卑'의 사상에서 파생派生된 것이라고 할 수 있다. 즉, 남자는 높고 귀貴하고, 여자는 낮고 천賤하여, 남성의 권리나 지위를 여성보다 높이 두고 여성을 업신여기던 사회풍조社會風潮에 의해 부자 영감은 본부인이 아기를 못 낳자, 첩을 들여 대代를 이으려고 했는데, 공교롭게도 본부인과 첩이 동시에 임신했고, 출산出産하자 본부인은 아들을, 첩은 딸을 낳게 된 것이다. 다시 말해, 남존여비 사상이든 또는 반대로 여존남비女尊男卑 사상이든, 두 개념概念 모두 남자와 여자의 아니마와 아니무스가 부정적으로 나타나는 것을 의미하며, 자신의 무의식 속에 있는 이성異性을 지나치게 비하卑下할 때 나타나게 되는 현상이라고 말할 수 있다.

오늘날은 '남녀평등사상男女平等思想'에 의해 남성과 여성의 권리나 의무, 신분 따위가 차별이 없이 고르고 한결같기에 큰 문제가 되고 있지는 않지만, 이 동화가 만들어진 시대에는 '남존여비사상'이 어느 때보다도 강조되었던 시기였다고 할 수 있다. 딸을 낳았다고 통곡하던 시대. 불과 몇 세대世代 전前만 해도 그랬다는 것을 기억하지만, 첩의 신분인데다가 딸까지 낳았으니, '천덕꾸러기' 신세를 면하지 못할 것 같은 두려움이 가짜 어머니를 궁지로 몰아넣는다.

사실 첩은 아들을 낳지 못하면 집에서 쫓겨나는 게 그 당시 관습이었기 때문에, 아들을 낳은 부인은 싱글벙글했고, 딸을 낳은 첩은 죽을 맛이었다. 그러자 첩은 꾀를 내어 자기 아기와 부인의 아기를 바꿔치기 했다. 부인이 자리를 비운 사이에 첩이 심복을 시켜 몰래 아기를 바꿔치기한 것이다. '쥐도 궁지窮地에 몰리면 고양이를 문다'는 '궁서설묘窮鼠囓猫'의 말처럼, 딸을 낳았다는 위급한 상황에 몰린 첩이, 약자弱者이지만, 강자强者인 본부인에게 필사적으로 반항反抗하고, 영감에게 업신여김을 받지 않기 위해 '본부인이 낳은 아들과 제가 낳은 딸을 바꿔치기하려는 음흉한 꾀를 짜낸 것'이다. 그래서 하인을 시켜 아기를 바꿔치기한 것이다.

자기가 낳은 핏덩이를 남에게 주고, 남이 낳은 아기를 데려온다는 것이 여간 쉬운 일은 아닐 텐데, 가짜 어머니로서 첩은 그러한 일을 태연히 행하는 것이다. 본부인이 기저귀를 갈아 주려다가 아들이 아니라, 딸을 확인했다는 묘사가 매우 해학적이며, 웃음을 자아내게 한다. 대부분의 아기들은 얼굴이 비슷해서 누가 누군지 분간하기 어려운 게 사실이다. 더군다나 자리를 비운 사이에 설마 아기를 바꿔치기했으리라고는 상상도 못 했을 테니 말이다. '아기 바꿔치기'는 동화의 모티브 중의 하나이며, 보통 가부장적家父長的 사회에서 아들을 선호하는 문화 때문에 발생하는 현상이다. 오늘날도 이러한 '남아선호사상男兒選好思想'이 아주 사라진 것은 아니지만, 정말 의미 없는 몰지각沒知覺한 현상이라고 말할 수 있다.

그러나 이미 동화에서는 아기가 바뀐 사건이 발생했고, 깜짝 놀란 본부인은 그것이 첩의 행실임을 확인한 뒤, 소문이 나면 더욱 복잡해질 것을 판단하고, 이 동화의 주인공 원님에게 그 사실을 고告한다. 비로소 이 동화의 주인공 원님이 등장하며, 올바른 재판을 위해 진짜와 가짜 어머니뿐만 아니라, 문제의 사내아기도 대령하라고 지시한다.

서로 사내아기가 제 자식이라고 우기는 본부인과 첩 사이에서 고민하던 원님은 드디어 묘책을 내었고, 아기를 가운데 놓고 두 여인에게 자기 아기라면 서로 잡아당겨서 가져가라고 명령한다.

칼로 살아 있는 아이를 반으로 쪼개어 서로 나누어 주라는 솔로몬의 명령보다는, 진짜와 가짜 어머니에게 각각 아기의 팔을 한쪽씩 잡고 잡아당기라는 원님의 명령이 약간은 덜 잔인하게 느껴지지 않는가? 솔로몬의 재판에서 진짜 어머니처럼, 원님의 재판에서도 진짜 어머니인 본부인은 아기의 팔을 붙잡은 채 잡아당기지 못하고 울면서 끌려갔다. 그리고는 '사또나리, 이 아기를 저 여자에게 주십시오. 아기 팔을 양쪽에서 잡아당기면 어떻게 되겠습니까?'라고 말하면서 자신의 아이를 포기抛棄한다. 이러한 포기가 '자기 자신을 내어 버림'과 같은 뜻이며, 자기 아이를 죽이기보다는 첩에게 빼앗겨서라도 아기를 살리려는 진짜 어머니의 마음인 것이다. 그러자 원님은 "이 아기의 어머니는 저 여인이다. 아기를 저 여인에게 안겨 주어라."라고 판결함으로써 진짜 어머니를 가려내는 것이다. 그리고 가짜 어머니인 첩을 '옥에 가두어라'는 명령을 내리는 것은 당연한 일이 아니겠는가? 지혜로운 원님의 현명한 판결 덕분에 아기는 진짜 어머니를 찾게 되었고, 아기를 바꿔치기했던 첩은 벌을 받게 된 것이다.

오늘날 아기 낳는 일이 예전보다 줄어들었기 때문에, 때로는 심심치 않게 '아기 바꿔치기'가 화제가 되는 경우가 있다. 전래동화 『진짜 어머니를 찾은 원님의 지혜』에서처럼 사내아기가 계집아기로 바뀌는 경우도 있지만, 산부인과에서 간호사의 실수로 아기가 바뀌는 경우도 가끔 있다고 하니, 이 경우는 더 문제가 아니겠는가? 심지어 형이 아이가 없어서 동생의 아이를 주는 경우, 미혼모가 혼자 아기를 낳아서 입양시키거나, 아빠 없이 키우는 경우 등 자기 자신의 분신分身인 아기의 바꿔치기 문제가 여전히 큰 관심사가 되고 있다고 생각한다.

어디 원님과 같은 명쾌하고 지혜로운 재판관이 없나요? 동화치료사가 바로 그런 존재랍니다.

20.

황금 구슬과 개와 고양이

『황금 구슬과 개와 고양이』

옛날 어느 바닷가에 늙은 어부와 그의 부인이 살고 있었다. 그 노부부는 할아버지가 잡아오는 물고기로 어렵지만 행복하게 생활하고 있었다.

어느 날 늙은 어부가 물고기를 잡으러 나갔다가 하루 종일 허탕만 쳤는데, 막 돌아오려는 순간에 큰 잉어를 잡게 되었다. 잉어는 눈물을 흘리면서 살려 달라고 애원했고, 늙은 어부는 그 잉어를 불쌍하게 여기고 그냥 놓아주었다.

다음 날 늙은 어부가 다시 낚시를 하러 바다로 나갔는데 갑자기 한 젊은이가 어부 앞에 나타나 공손히 인사했고, 자신을 용왕의 아들이라고 소개했다. 그리고는 어제 영감이 잡은 잉어가 바로 자기였다고 말했고, 목숨을 살려준 은혜를 갚고자 용궁으로 모셔가려고 왔다고 했다. 늙은 어부는 그 왕자를 따라 용궁으로 갔다. 용궁에서 늙은 어부는 용왕의 후한 대접을 받았고, 며칠을 머물다가 문득 홀로 두고 온 그의 아내를 생각하고는 돌아가기를 청했다.

늙은 어부가 지상나라로 가려고 했을 때 용왕의 아들이 그에게 귀띔을 해줬다. 늙은 어부가 용궁을 떠날 때 용왕이 선물을 줄 텐데 꼭 황금 구슬을 받아가라는 것이다. 황금 구슬을 선물로 받은 늙은 어부는 그의 아내가 기다리고 있는 집에 도착했다. 이 황금 구슬은 소원을 들어주는 구슬이었다. 그래서 노부부는 기와집도 얻고 금은보화도 얻어 큰 부자가 되었다.

이 소문을 들은 강 건넛마을에 사는 마음씨 나쁜 노파가 방물장수로 변장한 채 노부부의 집에 찾아왔다. 그리고 주인 할머니가 잠시 한눈을 판 사이에 황금 구슬과 자기가 가져온 가짜 구슬을 바꿔치기했다.

마음씨 나쁜 노파가 황금 구슬을 가지고 부리나케 도망치자마자 노부부의 기와집과 재물들이 연기처럼 모두 사라져 버렸다. 그래서 노부부는 예전의 가난한 생활로 돌아갔다.

이때 노부부가 자식처럼 키우던 개와 고양이가 망연자실한 노부부를 보고 황금 구슬을 다시 찾아오기로 뜻을 모았다. 개와 고양이는 방물장수로 변장하여 노부부의 황금 구슬을 훔쳐간 건넛마을에 사는 마음씨 나쁜 노파의 집을 찾아갔다.

고양이는 그 집의 대장 쥐를 잡아 인질로 삼고 나머지 쥐들로 하여금 황금 구슬을 가져오게 했다. 결국 고양이와 개는 황금 구슬을 되찾았고, 고양이가 입에 물고 노부부의 집으로 돌아가게 되었다. 개와 고양이는 집으로 가는 길에 강을 건너게 되었다. 그래서 황금 구슬을 입에 문 고양이가 개의 등에 업혔고, 강을 건너게 되었다. 강을 건너는데 개가 고양이에게 황금 구슬을 잘 물고 있느냐고 물었다. 그러나 고양이는 황금 구슬을 입에 물고 있어서 입을 열어 대답할 수가 없었다. 하지만 개가 계속해서 고양이에게 물었고, 결국 화가 난 고양이는 그렇다고 대답하다가 그만 강물 속에 황금 구슬을 빠뜨리고 말았다. 강을 건너온 고양이는 개에게 화를 냈고, 풀이 죽은 개는 그대로 집으로 들어갔다. 고양이는 실망한 노부부의 모습을 생각하며 강가에 앉아 있었다.

그때 어부 한 사람이 그물을 걷다가 죽은 물고기 한 마리를 고양이에게 던져줬다. 고양이는 배가 고파서 그 물고기를 덥석 물어다가 먹었다. 그런데 물고기의 배가 볼록하여 헤쳐 보니 뱃속에 황금 구슬이 들어 있었다. 그 물고기가 황금 구슬을 삼켜 죽은 것이었다.

고양이는 기쁜 마음에 황금 구슬을 입에 물고 집으로 돌아가 노부부에게 건네주었다. 노부부는 다시 큰 부자가 되어 잘살게 되었고, 고양이를 더욱 예뻐했다. 그래서 고양이는 항상 집 안에서 지내게 되었고, 개는 마당에서 지내게 되었다. 이때부터 고양이와 개 사이가 앙숙이 되었다고 한다.

동화치료

전래동화 『황금 구슬과 개와 고양이』의 제목에서 언급한 '황금 구슬'은 인간 정신마음, 심리의 '무의식적 욕망'의 결정체라고 할 수 있다. 다시 말해, '황금 구슬'은 인간 정신의 맨 밑바닥에 깔려 있는 무의식층에 자리 잡고 있는 본능적 에너지로서 '배고픔Hunger, 성충동Sexualtrieb, 성욕' 등과 같은 '부富에 대한 소원성취물所願成就物'의 상징이라고 할 수 있다. 즉, 인간 정신마음, 심리 구조의 쾌락원칙Lustprinzip인 '이드'에 자리 잡은 '물질에 대한 본능적인 욕망'이 황금 구슬로 표출된 것을 말한다.

동화에서 황금 구슬은 황금 공이나 황금 단지처럼 가베Gabe(주어진 물건, 하사품, 선물)로서 정해진 동화 줄거리의 성취를 위해 필요한 순간에 알맞게 등장하며, 주인공을 도와주거나 혹은 등장인물들을 연결시켜 주는 매개체 역할을 한다. 동화 서두문에서 동화 주인공이 소개되는데, 어느 바닷가에 살고 있는 늙은 어부와 그의 부인이다. 그 노부부는 할아버지가 잡아오는 물고기로 어렵지만 행복하게 생활하고 있다. 어느 날 늙은 어부가 물고기를 잡으러 나갔다가 하루 종일 허탕만 치고는 막 돌아오려는 순간에 큰 잉어를 잡게 된다. 잉어는 눈물을 흘리면서 살려 달라고 애원했고, 늙은 어부는 그 잉어를 불쌍하게 여기고 그냥 놓아주었다.

동화 주인공인 늙은 어부와 그의 아내는 가난하지만 금슬琴瑟이 좋은 노부부老夫婦이다. 낚시꾼인 할아버지는 착한 마음의 소유자이며, 하루하루 물고기를 잡아 먹고사는 어부漁夫이다. 어느 날 할아버지는 큰 물고기를 잡게 되는데, 그가 용왕의 아들이 변신한 '잉어'이다. 한강에서도 팔뚝만 한 잉어가 강가에서 떼 지어 노니는 모습을 종종 보는데, 아마 동화 속의 잉어는 그것보다도 훨씬 클 거라고 생각된다. 이 동화를 읽은 독자讀者가 그러한 잉어를 볼 때면, '일부러 잡아서 놓아주고 황금 구슬을 가져오게 할까?'라고 착각錯覺할지도 모르겠지만, 그 정도로 물속에 사는 잉어의 존재는 예나 지금이나 경이로운 존재임이 틀림없다고 하겠다.

아무튼 눈물을 글썽거리며 살려 달라고 애원하는 잉어를 마음씨 착한 어부가 못 본 채하며, 무조건 잡아가지고 집으로 갈 수는 없지 않겠는가? 다음 날 늙은 어부가 다시 낚시를 하러 바다로 나갔는데 갑자기 한 젊은이가 어부 앞에 나타나 공손히 인사했고, 자신을 용왕의 아들이라고 소개했다. 그리고는 어제 영감이 잡은 잉어가 바로 자기였다고 말했고, 목숨을 살려준 은혜를 갚고자 용궁으로 모셔 가려고 왔다고 했다. 늙은 어부는 그 왕자를 따라 용궁으로 갔다. 용궁에서 늙은 어부는 용왕의 후한 대접을 받았고, 며칠을 머물다가 문득 홀로 두고 온 그의 아내를 생각하고는 돌아가기를 청했다. 늙은 어부가 지상나라로 가려고 했을 때 용왕의 아들이 그에게 귀띔을 해줬다. 늙은 어부가 용궁을 떠날 때 용왕이 선물을 줄 텐데 꼭 '황금 구슬'을 받아가라는 것이다. 황금 구슬을 선물로 받은 늙은 어부는 그의 아내가 기다리고 있는 집에 도착했다. 이 가난하지만 착한 마음의 소유자인 노어부이기에, '황금 구슬'을 보상報償받는 거라고 하겠다. 소위 '기브

앤 테이크give-and-take'의 '대등한 거래'로 인해 막대한 보물을 선사받는 거라고 말할 수 있다. 다시 말해, 보통의 잉어가 아닌 용궁의 왕자 잉어를 잡았다가 풀어 주고 얻은 보상이기에 그런 값진 보물을 얻은 거라고 할 수 있다.

이승인 육지와 저승인 바다의 공간이동이 아무렇지도 않게 실행되는 동화의 일차원성이 나타나며, 왕자답게 자신이 직접 트랜스포트Transport 하는 모습이 지극히 동화적 표현이라고 할 수 있다. 용왕이 잔치를 베풀어 후대厚待하고, 황금 구슬을 선물했으니, 할아버지의 돌아오는 발걸음은 매우 가벼웠으리라.

금슬 좋은 부부답게 할아버지는 용궁에서 돌아오자마자 할머니에게로 가서 황금 구슬의 용도를 설명한다. 이 황금 구슬은 소원을 들어주는 구슬이었다. 『아라비안나이트*Arabian Nights*』에 나오는 알라딘Aladdin의 요술램프처럼 그렇게 황금 구슬은 세상에서 원하는 것을 명령만 하면 다 갖게 해주는 신기한 마법도구魔法道具이다. 그래서 노부부는 기와집도 얻고 금은보화도 얻어 큰 부자가 되었다.

인간의 잠재의식潛在意識에 쌓여 있는 기본 욕구가 '의식주衣食住'이다. '집'과 '쌀'과 '옷'을 요구하는 노부부의 명령에서 '사람이 생활하는 데 기본이 되는 옷과 음식과 집'이 집단적 무의식으로서 인간의 근본 행동 패턴, 곧 삶의 기본 조건으로 자리 잡은 것이라고 하겠다. 물론 '의식주' 문제가 거의 해결된 오늘날에도 질적인 면에서 여전히 어떤 집, 무슨 음식, 어떤 옷이 화두話頭가 되고 있다. 아마 수십 년이 지난 미래세계에도 이 의식주 문제는 인간이 존재하는 한 함께 가리라 생각된다. 그래서 이 동화에서도 이전보다 나은 조건의 의식주가 노부부의 마음을 흡족하게 하며, '큰 부자'가 되었다고 표현하는 것이다.

만약에 여러분이 이런 황금 구슬을 갖게 된다면, 어떤 것을, 무엇을 명령할 건가요? 여전히 의식주의 범주에서 요구하겠지요? 아니면?

어쨌든 큰 부자가 된 노부부가 더 없이 행복하게 잘살게 되었다는 것으로 이 동화가 끝나도 무방할 텐데, 동화 줄거리의 핵심적 요소인 결핍 상황 또는 불행의 위기 상황이 있어야 하기에 강 건넛마을에 '나쁜 노파'를 등장시키는 것이다. 아무튼 노부부가 황금 구슬을 얻어 부자가 되었다는 소문을 들은 강 건넛마을에 사는 마음씨 나쁜 노파가 방물장수로 변장한 채 노부부의 집에 찾아왔고, 주인 할머니가 잠시 한눈을 판 사이에 황금 구슬과 자기가 가져온 가짜 구슬을 바꿔치기했다. 마음씨 나쁜 노파가 황금 구슬을 가지고 부리나케 도망치자마자 노부부의 기와집과 재물들이 연기처럼 모두 사라져 버렸다. 그래서 노부부는 예전의 가난한 생활로 돌아갔다.

동화의 적수이자 가해자로 등장하는 인물들은 변장變裝을 좋아한다. 즉, 본래의 모습을 알아볼 수 없게 옷차림이나 얼굴, 머리 모양 등을 다르게 바꾸게 되는데, 그림 동화 『백설 공주』에서 악한 계모가 세 번에 걸쳐 변장하고 백설 공주를 찾아가듯이, 여기서 나쁜 노파는 '방물장수'로 변장하여 착한 할머니를 방문하는 것이다. 방물장수의 사전적 의미가 '여자들의 일상생활에 필요한 화장품, 바느질 기구, 패물 등의 간단한 물건들을 팔러 다니는 사람'이라고 하는데, 주로 늙은 여자들이 그 역할을 하게 되듯이 이 동화에서도 나쁜 노파가 그런 인물로 변장한 거라고 말할 수 있다. 황금 구슬을 가짜 구슬로 바꿔치기하려는 나쁜 노파에게, 착한 할머니는 "이것은 용왕님이 주신 거랍니다."라고 마법구슬을 선뜻 내보이고 자랑함으로써 낯선 노인이나 노파를 자연스럽게 대하는 동화 주인공의 특성이 나타난다. 처음

본 사람을 어리석을 만큼 믿고 귀한 물건을 내주는, 순진하고 단순한 착한 할머니의 모습이 바로 인간의 본성本性이 선善하다는 것을 의미하는 반면에, 그 착한 자를 역이용하는 방물장수의 사악한 모습은 곧 인간의 본성이 악惡하다는 것을 의미한다고 하겠다. 선과 악의 조화, 이것이 또한 인간세계에서 공존共存하는 무의식과 의식의 조화이자, 동화세계에서 묘사하는 착한 자와 악한 자의 공존을 의미하는 것이다.

진짜 황금 구슬을 분실한 할머니의 집과 세간 등은 이전의 초라한 모습으로 돌아간다. 그러니 황금 구슬이 만들어 낸 마법의 집, 곧 가상假想의 집에서 노부부는 행복을 느끼면서 살아간 거라고 할 수 있다. 즉, 황금 구슬의 분실이 무의식의 꿈에서 깨어나 의식의 현실로 돌아온 것을 의미한다.

이제 전래동화『황금 구슬과 개와 고양이』의 두 번째 에피소드를 '고양이와 개'가 전개한다. 노부부가 자식처럼 키우던 개와 고양이는 망연자실한 노부부를 보고 황금 구슬을 다시 찾아오기로 뜻을 모은다. 개와 고양이는 방물장수로 변장하여 노부부의 황금 구슬을 훔쳐간 건넛마을에 사는 마음씨 나쁜 노파의 집을 찾아간다.

착한 노부부가 기르던 '고양이와 개'는 황금 구슬에게 요구해서 얻은 존재가 아니다. 가난하지만 애완동물의 대명사인 고양이와 개를 이미 키우고 있었다는 말이다. 먹기 살기도 급급한 집에서 개와 고양이를 키웠다는 것이 약간은 이해가 되지 않겠지만, 그런 형편에서도 두 마리 동물을 키웠기 때문에, 그 은혜에 보답하고자 고양이와 개가 집을 떠나 강 건너 노파의 집으로 가는 것이다. 여기서 고양이와 개가 인간의 말을 하는 의인화擬人化가 나타나며, 이러한 동물의 인격화人格化야말로 동화의 특성이라고 할 수 있다.

이미 훔쳐온 황금 구슬 덕분에 큰 기와집에서 비단 옷을 입고 풍요롭게 살고 있는 나쁜 노파는 더 이상 황금 구슬을 수중手中에 두지 않고, 벽장 속에 따로 숨겨 놓았다. 이것은 도둑이 훔쳐온 물건을 은밀한 장소에 보관하는 것을 의미하며, 그 장소가 수중보다 더 안전할 것이라고 여기지만, '안전한 곳이 더 이상 안전한 곳이 아니다'라는 말을 무시한 처사라고 하겠다.

나쁜 노파가 가짜 구슬을 만들어 가지고 방물장수로 변장하여 진짜 구슬을 훔친 것과는 대조적으로 고양이는 변신을 하지 않고, 그 집의 대장 쥐를 잡아 인질로 삼고 나머지 쥐들로 하여금 황금 구슬을 가져오게 한다. 결국 고양이와 개는 황금 구슬을 되찾았고, 고양이가 입에 물고 노부부의 집으로 돌아가게 된다.

나쁜 노파는 자기 집에 살고 쥐들조차도 황금 구슬이 보낸 거로 착각한다. 즉, '거안사위居安思危'의 말처럼 안전할 때도 미리 위태로운 경우를 생각했어야 했는데, 너무나 방심한 나머지, 자신이 명령하지도 않은 쥐들을 그렇게 마법구슬의 선물로 생각한 것이다. 다시 말해, 나쁜 노파는 진짜 주인공이 아니라 가짜 주인공이자 적수이기 때문에, 용왕의 귀한 선물인 황금 구슬은 다시금 진짜 주인공을 찾아가도록 동화 줄거리가 진행되어야 한다는 뜻이다. 그래서 황금 구슬을 입에 물고 고양이는 개와 함께 집으로 돌아가는 것이다.

그러나 황금 구슬을 입에 물고 개의 등에 업혀서 강을 건너오는 동안에 두 번에 걸친 개의 질문에 고양이는 대답을 하다가 그 구슬을 강물에 빠뜨린다. 결핍 상황이 해결된 것처럼 진행되어 해피엔딩의 종결문을 기대하던 독자에게 한 번 더 황금 구슬의 분실을 통해, 하나의 짧은 '연속Sequenz'을 삽입하여 이야기에 몰입시키려는 것이다.

하지만 그 결핍 상황은 그리 오래가지 않으며, '잃어버린 황금 구슬'의 재발견을 고양이가 성취하는 것이다. 그렇게 어부 한 사람이 그물을 걷다가 죽은 물고기 한 마리를 고양이에게 던져 준다. 고양이는 배가 고파서 그 물고기를 덥석 물어다가 먹었는데 물고기의 배가 볼록하여 헤쳐 보니 뱃속에 황금 구슬이 들어 있었다. 그 물고기가 황금 구슬을 삼켜 죽은 것이었다. 고양이는 기쁜 마음에 황금 구슬을 입에 물고 집으로 돌아가 노부부에게 건네준다. 노부부는 다시 큰 부자가 되어 잘살게 되고, 고양이를 더욱 예뻐한다. 그래서 고양이는 항상 집 안에서 지내게 되고, 개는 마당에서 지내게 된다.

한 번 잃어버린 귀중품을 다시 찾은 적이 있나요? 그때의 기쁨은 그것을 처음 얻었을 때보다 훨씬 크지 않았나요? 그렇게 한 번 잃어버린 황금 구슬은 다시금 고양이에 의해 노부부에게 전달되는 것입니다. 이후 고양이와 개를 대하는 노부부의 태도에 변화가 있었겠죠? 고양이는 방 안에 재우고, 개는 밖에 내놓고 키웠으니 말이죠. 그래서 고양이와 개가 앙숙怏宿이 되었다고 하니, 짐짓 설득력 있게 들리지요?

저기 쥐가 한 마리 달려가네요. 고양이가 쫓아갈까요? 혹은 개가 쫓아갈까요? 인간과 같이 식탁에서 밥을 많이 먹은 고양이는 그르렁거리며 방 안에 누워 있고, 마루 밑에서 인간이 먹고 난 부스러기만 먹은 개가 쥐를 쫓아가네요. 뭐, 잘못됐나요?

21.

은혜 갚은 두꺼비

『은혜 갚은 두꺼비』

옛날 어느 마을에 한 장군이 전쟁에서 큰 공을 세우고 전사하자 큰 사당을 세워 해마다 제사를 지냈다. 그런데 세월이 점점 흘러 제사 지내는 일이 없어지고 후세 사람들도 나 몰라라 하게 되었는데, 어느 날부터 마을에 변고가 생기기 시작했다. 즉, 여자들이 갑자기 없어지기도 하고 사람들이 사고로 죽는 등 불상사가 끊임없이 일어났던 것이다. 마을 사람들은 장군의 사당에 제사를 지내지 않아서 이런 일이 벌어진 것이라고 의견을 모으고는 다시 해마다 제사를 지내기로 했다.

이웃 마을에 밥 잘 먹고 살림 잘하는 착한 처녀가 홀어머니를 모시고 살고 있었다. 하루는 어머니에게 저녁상을 차려 주고 부뚜막에서 밥을 먹고 있는데 옆에 조그만 두꺼비가 한 마리 와서 앉아 있었다. 그 두꺼비에게 처녀는 밥 한 숟갈을 떠 주니까 날름 집어먹었다. 처녀는 두꺼비를 제 방으로 데리고 들어가서 함께 자고 함께 생활했다 그렇게 일 년이 지나자 두꺼비는 큰 대접보다도 더 크게 자랐다.

처녀를 제물로 바치는 마을에서 다시 제사를 지내게 되었을 때,

두꺼비를 먹여 키우던 처녀가 홀어머니의 가난한 집안에 도움이 되고자 제물로 자원했다. 처녀가 집에서 출발하려는데 두꺼비가 처녀의 치마 꼬리를 물고 떨어지지 않았다. 할 수 없이 처녀는 저고리 속에 두꺼비를 감추어 넣고 사당까지 들어갔다. 사당 안에서 마을 노인들은 처녀를 제단 앞에 놓고 제사를 지냈다. 그리고는 날이 저물자 마을 노인들은 처녀만을 남겨 둔 채 사당의 문을 잠그고 나갔다.

사당에 혼자 남은 처녀는 너무나 무서워서 훌쩍훌쩍 울었다. 하지만 아무 소용없었다. 얼마 후 사당 안에는 안개가 낀 듯 연기가 자욱했다. 그러더니 어디선가 스르르 하는 소리와 함께 푸른빛을 내뿜으면서 커다란 지네가 처녀 쪽으로 내려왔다. 처녀는 깜짝 놀랐지만 어찌해 볼 도리가 없어서 치맛자락을 뒤집어쓰고 바닥에 엎드려서 꼼짝하지 않았다.

그때 갑자기 붉은빛이 지네의 푸른빛에 맞서 싸우기 시작했다. 사당 안에서 사방팔방으로 붉은빛과 푸른빛이 뒤엉키는 것을 바닥에 엎드려서 본 처녀는 곧 정신을 잃고 기절했다.

날이 새자 처녀는 정신을 차렸고, 고개를 들어 주변을 보니 커다란 지네와 두꺼비가 죽어 있었다. 밤새도록 지네가 내뿜은 푸른빛과 두꺼비가 내뿜은 붉은빛이 한데 엉켜 피터지게 싸웠던 것이다.

그 후 얼마 지나지 않아 마을 사람들이 사당으로 몰려왔고, 문을 열었다. 그들은 살아 있는 처녀를 보자 깜짝 놀랐고, 처녀로부터 자초지종을 듣고는 죽은 지네와 사당을 불태워 버렸다. 착한 처녀는 두꺼비를 양지바른 곳에 묻어 주었다.

전래동화 『은혜 갚은 두꺼비』는 동화 주인공 착한 처녀의 무의식에 공존하는 선과 악의 문제를 두꺼비와 지네의 동물을 상징화하여 이야기한 동물 보은담報恩談이다. 다시 말해, 두꺼비는 주인공의 창의적인 면의 원형을 상징하고, 반대로 지네는 파괴적인 면의 원형이라고 말할 수 있다. 물론 이 동화는 인신공희설화人身供犧說話인 『지네장터설화』 또는 『오공蜈蚣장터설화』에서 유래한다. '인신공희'란 '제사 때 산 사람을 신에게 희생물로 바친 것'을 말하고, '오공'은 '왕지네'를 의미한다. 그러니 설화의 제목에서 언급된 지네가 전래동화로 전이轉移될 때에 두꺼비로 바뀌었다는 것을 알 수 있다. 물론 동화의 서두문에서는 어느 마을에 한 장군이 전쟁에서 큰 공을 세우고 전사하자 큰 사당을 세워 해마다 제사를 지냈다는 내용으로 두꺼비의 보은이 생기된 된 원인을 소개한다.

사당을 세워 해마다 제사를 지낸 일이 세월이 점점 흘러 없어지게 되었고, 후세 사람들도 나 몰라라 하게 되었는데, 어느 날부터 마을에 변고가 생기기 시작했다. 즉, 여자들이 갑자기 없어지기도 하고 사람들이 사고로 죽는 등 불상사가 끊임없이 일어났던 것이다. 마을 사람들은 장군의 사당에 제사를 지내지 않아서 이런 일이 벌어진 것이라고 의견을 모으고는 다시 해마다 제사를 지내기로 했다. 해마다 사당에서 제사를 지내는 의식은 오늘날에도 여전히 행해지고 있는 뿌리 깊은 민속적 전통이다. 21세기 과학과 문명이 아무리 발전해도 사람들의 마음속에는 그저 조상의 은덕에 무사안일을 기원하는 제례를 여전히 중요한 행사로 치루고 있으니 말이다. 그만큼 물질은 풍요해졌지만 마음과 정신은 여전히 무엇엔가 의지하고 싶은 갈급함의 표현이라고 하겠다.

사실 설화에서는 '순이'라는 처녀의 이름이 나오는데, 전래동화 『은혜 갚은 두꺼비』에서는 이름 없이 그냥 '착한 처녀'라고 명기했다. 또한 설화에서는 어머니가 일찍 죽고 맹인인 아버지를 봉양하는 효녀孝女로 나오는데, 여기서는 홀어머니를 모시고 살아가는 효녀로 묘사되고 있다. 전해 내려오는 이야기를 누가 기록했느냐에 따라서 버전이 다양해지는 것이며, 이야기의 주제가 인신공희에 따른 두꺼비의 보은에 맞춰 있다면, 그다지 큰 문제가 될게 없다고 하겠다.

아무튼 처녀는 홀어머니를 극진히 잘 모셔서 마을에서조차 칭찬이 자자한 효녀이다. 저녁상을 어머니께 갖다드리고, 밥을 함께 먹질 않고 부엌에서 혼자 먹는다는 점이 특이하다. 식구가 많은 것도 아니요, 식모살이하는 하녀도 아닐 찐데, 어찌 어머니와 한 밥상에서 같이 먹질 않고 혼자서 부엌에서 먹는단 말인가? 설화에서는 밥은 같이 먹고, 부엌에서 설거지를 할 때, 수챗구멍으로 밥찌꺼기를 주어 두꺼비를 양육했다는 서술도 있으니, 시시콜콜 세밀한 묘사까지 건드리는 건, 좀 그런 것 같다.

어쨌든 부엌에서 저녁을 먹고 있는 처녀 앞에 두꺼비가 나타났고, 밥 한 숟가락을 두꺼비 앞에 놓아주니, 맛있게 먹었다는 내용으로 동화는 줄거리가 전개되는 것이다. 즉, 부엌이라는 여성전용공간에서 주인공인 처녀와 조력자인 두꺼비가 만나는 것이다. 더욱이 불을 지피는 아궁이 앞에 두꺼비를 놓아두고 보호했다는 것은 결국 자신의 아니무스를 보호하는 처녀의 모습이라고 할 수 있다. 결국 처녀는 자신의 남성적 무의식적 인격체인 아니무스와 두꺼비를 동일시同一視하며, 마음속에 있는 남성상을 극진히 배려하는 것이다.

두꺼비는 예로부터 행운을 가져다준다거나, 액운厄運을 소멸시킨다거나, 부자가 되게 해 준다거나, 집을 지켜 준다거나, 건강을 지켜준다거나, 아들을 낳게 해준다는 등 인간과 밀접하게 연결되어 있으면서도 추한 생김새와는 달리 유익한 동물로 간주된다. 특히 인간의 생김새가 두꺼비를 닮으면 큰 부자로 산다고 하지 않는가? 또한 모 기업에서는 브랜드 이미지로 두꺼비를 사용하는 등 이미 두꺼비는 오늘날에도 여전히 귀한 대접을 받고 있는 행운의 상징이라고 하겠다. 그래서 모래집을 지으면서 '두껍아, 두껍아, 헌집 줄게 새집 다오♪♪' 하지 않았는가?

착한 처녀는 한 끼 식사를 대접하고는 두꺼비를 제 집으로 돌려보내려고 했지만, 두꺼비가 꼼짝도 하지 않자, 결국 처녀는 두꺼비를 제 방으로 데리고 들어가서 함께 자고 함께 생활하게 되었다. 즉, 처녀는 두꺼비를 자신의 남성적 무의식적 인격체로 간주하고, 오누이처럼 알콩달콩 함께 사는 것이다.

그러나 처녀에게 위기 상황이 닥쳐오는데, 그것은 곧 처녀를 제물로 바치는 마을에서 다시 제사를 지내게 되었을 때, 두꺼비를 먹여 키우던 처녀가 홀어머니의 가난한 집안에 도움이 되고자 제물로 자원해서, 사당에서 처녀제사를 지내는 제물祭物로 죽음의 길로 가야 하는 것이다.

오늘날도 이상한 종교집단에서는 처녀제사를 드린다고 하여 뉴스거리가 되곤 하지만, 실제로 처녀를 제물로 바치는 경우는 매우 드문 현상이다. 신화와 설화에서 종종 언급되던 사건이 이 동화로 전이가 된 것이라고 말할 수 있다. 비슷한 예를 『심청전』이나 『백일홍 이야기』에서 찾을 수 있지 않는가?

사실 처녀는 두꺼비를 데리고 제당祭堂으로 들어가려고 하지는 않았다. 하지만 자신의 분신分身처럼 되어 버린 두꺼비가 처녀를 떠날 수 있었겠는가? 그래서 두꺼비는 여성의 은밀한 장소인 가슴을 선택하고, 그곳에서 남의 눈에 안 띄게 처녀와 동행하는 것이다.

사당 안에서 "처녀를 바치오니, 부디 마을이 큰 화를 입지 않게 해 주소서."라는 마을 노인들의 제사기원祭祀祈願이 '대를 위해 소를 희생한다'는 그럴싸한 명분을 내세워 처녀를 희생시키는 무지無知의 소치所致라고 할 수 있다. 지금 생각하면 도저히 납득이 가지 않는 몰지각한 조치이나, 그 시대에는 그렇게 해서라도 마을 전체의 안녕安寧을 비는 샤머니즘Shamanism이 일상화된 시대였다고 할 수 있다. 이러한 샤머니즘도 집단적 무의식의 한 원형이 되는 것이다.

사당에 혼자 남은 처녀는 너무나 무서워서 훌쩍훌쩍 울었다. 하지만 아무 소용없었고, 얼마 후 사당 안에는 안개가 낀 듯 연기가 자욱했다. 그러더니 어디선가 스르르 하는 소리와 함께 푸른빛을 내뿜으면서 커다란 지네가 처녀 쪽으로 내려왔고, 처녀는 깜짝 놀랐지만 어찌해 볼 도리가 없어서 치맛자락을 뒤집어쓰고 바닥에 엎드려서 꼼짝하지 않았다. 꼼짝없이 지네에게 잡혀 먹히려는 그 순간에 갑자기 붉은빛이 지네의 푸른빛에 맞서 싸우기 시작했다. 사당 안에서 사방팔방으로 붉은빛과 푸른빛이 뒤엉키는 것을 바닥에 엎드려서 본 처녀는 곧 정신을 잃고 기절했다. 날이 밝아 올 때야 비로소 착한 처녀는 정신을 차렸고, 고개를 들어 주변을 보니 커다란 지네와 두꺼비가 죽어 있었다. 밤새도록 지네가 내뿜은 푸른빛과 두꺼비가 내뿜은 붉은빛이 한데 엉켜 피터지게 싸웠던 것이다.

푸른빛과 붉은빛의 싸움, 곧 지네와 두꺼비의 싸움 장면이 이 동화의 '클라이맥스climax'로서 독자의 긴장감을 극대화極大化시킨다. 두꺼비가 처녀의 마음속에 자리 잡은 선을 상징한다면, 지네는 바로 악을 상징한다. 즉, 선과 악의 충돌로 인해 처녀는 기절하고 말며, 선이 악과 함께 괴멸壞滅함으로써 처녀는 다시금 의식의 세계로 돌아오는 것이다. 따라서 두꺼비는 주인공의 창의적인 면의 원형을 상징하고, 반대로 지네는 파괴적인 면의 원형이라고 말할 수 있는 것이다.

발이 수십 개가 달린 지네야말로 인간의 무의식 속에 자리 잡은 악의 상징이며, 그 지네를 물리치고 피투성이가 되어 죽어 있는 두꺼비야말로 그와 대립되는 선의 이미지라고 할 수 있다.

그러므로 인간의 마음속에는 선과 악이 공존하기 때문에, 악한 생각보다는 선한 생각을 해야 하며, 악한 행동보다는 선한 행동을 함으로써 동화를 통한 힐링과 테라피를 선취先取할 수 있는 것이다. 다시 말해, 꿈 많던 어린 시절에 많이 듣고 읽었던 동화를 잠재의식에서 일깨워 내어 지금의 사악한 나 또는 타인을 선으로 치료하면 된다는 뜻이다. 즉, 순수한 동심의 덩어리인 동화를 읽고 자신의 무의식 안에 남아 있던 사악한 마음의 응어리를 터뜨리게끔 유도하면 된다는 뜻이다. 곧 동화를 통해 악을 선으로 바꾸는 마음의 치유가 동화치료의 핵심이라고 말할 수 있다.

동화의 종결문에서 마을 사람들은 살아 있는 처녀를 보자 깜짝 놀랐고, 처녀로부터 자초지종을 듣고는 죽은 지네와 사당을 불태워 버린다. 반면에 착한 처녀는 두꺼비를 양지바른 곳에 묻어 준다. 그렇게 전래동화 『은혜 갚은 두꺼비』는 선의 상징인 두꺼비의 죽음을 통해 온 마을 사람들이 악의 기운에서 깨어나고, 악의 상징을 불살라 버림으로써 미래의 처녀제사가 필요 없는 올바른 공동체를 만들 수 있는 것이다. 또한 동화 주인공은 자신의 마음속에 있는 남성상인 두꺼비를 후하게 장례 치름으로써 자신의 의식과 무의식의 단절과 해소를 통한 치유치료의 능력을 보여주며, 동시에 선과 악, 이 두 가지 개념을 인신공희人身供犧의 체험으로 극복하는 것이다.

참고문헌

Apel, Friedmar, *Die Zaubergärten der Phantasie. Zur Theorie und Geschichte des Kunstmärchens*, Heidelberg: Carl Winter Universitätsverlag, 1978.

Beit, Hedwig von, *Symbolik des Märchens. Versuch einer Deutung*, 2. Aufl., Bern: Francke Verlag, 1960.

Dolle, Bernd(Hrsg.), *Es wird einmal... Soziale Märchen der Zwanziger Jahre*, München: Weismann Verlag, 1983.

Fetscher, Iring, *Wer hat Dornröschen wachgeküßt?, das Märchen-Verwirrbuch*, Frankfurt am Main: Fischer Taschenbuch Verl., 1976.

Franz, Marie-Louise von, *Der Schatten und das Böse im Märchen*, München: Kösel-Verlag, 1985.

______, *Psychologische Märchen*, München: Kösel-Verlag, 1986.

Freud, Sigmund, *Die Ichspaltung im Abwehrvorgang*, GW XVII, Frankfurt am Main: S. Fischer Verlag, 1938.

Geerken, Hartmut(Hrsg.), *Die goldene Bombe. Expressionistische Märchendichtungen und Grotesken*, Darmstadt: Agora, 1970.

Goethes Werke, Bd. 2, 10. Aufl., München: Verlag C. H. Beck, 1976.

Ders., Bd. 12, 10. Aufl., München: Verlag C. H. Beck, 1982.

Jolles, André, *Einfache Form*, 5. Aufl., Tübingen: Max Niemeyer Verlag, 1974.

Karlinger, Felix, *Grundzüge einer Geschichte des Märchens im deutschen Sprachraum*, Darmstadt: Wissenschaftliche Buchgesellschaft, 1983.

Kast, Verena, *Märchen als Therapie*, München: dtv, 2012.

Knüsel, Käthi, "Reden und Schweigen in Märchen und Sagen," Diss. Zürich, 1980.

Lee, Song Hoon, "Die Dualismusprobleme bei Hugo von Hofmannsthal," Diss. Bielefeld, 1992.

Lüthi, Max, *Das europäische Volksmärchen*, 5. Aufl., München: Francke Verlag, 1976.

______, *Die Gabe im Märchen und in der Sage*, Zürich, 1943.

______, *Es war einmal, Vandenhoeck & Ruprecht in Göttingen*, 3. Aufl., 1968.

______, "Das Volksmärchen als Dichtung und als Aussage," in: *Wege der Märchenforschung*, Hrsg. von F. Karlinger, Darmstadt: Wissenschaftliche Buchgesellschaft, 1985.

Novalis, *Schriften* (1. Bd.), Hrsg. von Paul Kluckhohn und Richard Samuel, Stuttgart: W. Kohlhammer Verlag, 1960.

______, *Fragmente*, Hrsg. von Ernst Kamnitzer, Dresden: Wolfgang Jess Verlag, 1929.

______, *Fragmente II*, Hrsg. von Ewald Wasmuth, Heidelberg: Verlag Lambert Schneider, 1957.

Obenauer, Karl Justus, *Das Märchen*, Frankfurt am Main: Vittorio Klostermann, 1959.

Paede, Paul, *Krankheit, Heilung und Entwicklung im Spiegel der Märchen*, Frankfurt am Main: Vittorio Klostermann, 1986.

Poser, Therese, *Das Volksmärchen*, München: R. Oldenbourg Verlag, 1980.

Propp, Vladimir, *Morphologie des Märchens*, Hrsg. von Karl Eimermacher, München: Suhrkamp, 1975.

Schneeberger, Irmgard, "Das Kunstmärchen in der ersten Hälfte des 20. Jahrhunderts," Diss. München, 1960.

Tismar, Jens, *Kunstmärchen*, Stuttgart: J. B. Metzlersche Verlagsbuchhandlung, 1977.

______, *Das deutsche Kunstmärchen des zwanzigsten Jahrhunderts*, Stuttgart: J. B. Metzlersche Verlagsbuchhandlung, 1981.

Wellek, Albert, *Die Polarität im Aufbau des Charakters*, 3. Aufl., Bern und München: Francke Verlag, 1966.

Wesselski, Albert, *Versuch einer Theorie des Märchens*, Verlag Dr. H. A. Gerstenberg Hildesheim, 1974.

Wilpert, Gero von, *Sachwörterbuch der Literatur*, 5. Aufl., Stuttgart: Alfred Kröner Verlag, 1969.

Wolfersdorf, Peter, *Märchen und Sage in Forschung*, Schule und Jugendflege, Waisenhaus-Buchdruckerei und Verlag Braunschweig, 1958.

권정생 외 4인, 『똘배가 보고 온 달나라』, 서울: 창작과비평사, 1983.
김열규 옮김, 『어른을 위한 그림형제동화전집』, 경기 고양: 현대지성사, 2010.
마해송, 『사슴과 사냥개』, 서울: 창작과비평사, 1981.
미사오 키류(Misao Kiryu) 저, 이정환 역, 『알고 보면 무시무시한 그림동화』, 서울: 서울문화사, 1999.
손동인, 『한국전래동화연구』, 서울: 정음문화사, 1984.
송영림, 「동화치료의 효용성에 관한 연구」, 건국대학교 대학원 석사학위논문, 2010.
신현득 엮음, 『한국 전래동화2』, 서울: 예림당, 1994.
신흥석 엮음, 『전래 옛날이야기』, 서울: 민중출판사, 2000.
沈宣麟, 朝鮮童話大集, 漢城圖書, 1926.
윤후남 옮김, 『어른을 위한 안데르센동화전집』, 경기 고양: 현대지성사, 2004.
이링 페처(Iring Fetscher) 저, 이진우 역, 『누가 잠자는 숲 속의 공주를 깨웠는가』, 서울: 철학과 현실사, 1991.
이미애, 『TV동화 행복한 세상』, 박인식 기획, 서울: 샘터, 2002.
이부영, 『한국민담의 심층분석』, 서울: 집문당, 2000.
______, 『분석심리학』, 제3판, 서울: 일조각, 2011.
이성훈, 『동화의 이해』, 서울: 건국대학교출판부, 2003.
______, 『그림동화-동창미인 그림형제』, 서울: 건국대학교출판부, 2011.
이원수, 『꼬마 옥이』, 서울: 창작과비평사, 1983.
이원수 · 손동인 엮음, 『한국전래동화집』 1~6, 서울: 창작과비평사, 2002.
이주홍, 『못나도 울엄마』, 서울: 창작과비평사, 1983.
이효성 엮음, 『한국 전래동화1』, 서울: 예림당, 1994.

www.google.co.kr
www.naver.com
www.daum.net

찾아보기